### ③ 스스로 활동해 보세요

이 시리즈는 단지 지식을 전달하기 위한 교양서가 아니에요. 어린이 여러분이 교과서로 수업 시간에 배운 내용을 실제 현장에서 직접 체험하며 익힐 수 있도록 다양한 활동 내용을 담았지요. 책 중간이나 뒷부분에 이해를 돕기 위한 활동이 있으니 꼭 스스로 정리해 보세요.

### ④ 견학 후 활동이 다양해요

체험학습 후에는 반드시 견학 후 여러 가지 활동을 해 보세요. 보고서 쓰기, 신문 만들기, 그림 그리기 등을 통해 체험학습에서 보고 들은 내용을 다시 한번 정리하면 알찬 체험학습이 될 거예요.

## 신나는 교과 체험학습 49

# 우리 조상의 삶이 생생하게 보여요 국립민속박물관

초판 1쇄 발행 │ 2008. 10. 27.
개정 3판 4쇄 발행 │ 2023. 11. 10.

글 구문회 이태희 │ 그림 최현주

**발행처** 김영사 │ **발행인** 고세규
**등록번호** 제 406-2003-036호 │ **등록일자** 1979. 5. 17.
**주소** 경기도 파주시 문발로 197(우·10881)
**전화** 마케팅부 031-955-3100 │ 편집부 031-955-3113~20 │ 팩스 031-955-3111

값은 표지에 있습니다.
ISBN 978-89-349-9663-7  64000
ISBN 978-89-349-8306-4 (세트)

좋은 독자가 좋은 책을 만듭니다. 김영사는 독자 여러분의 의견에 항상 귀 기울이고 있습니다.
전자우편 book@gimmyoung.com │ 홈페이지 www.gimmyoungjr.com

**어린이제품 안전특별법에 의한 표시사항**
**제품명** 도서 **제조년월일** 2023년 11월 10일 **제조사명** 김영사 **주소** 10881 경기도 파주시 문발로 197
**전화번호** 031-955-3100 **제조국명** 대한민국 ⚠**주의** 책 모서리에 찍히거나 책장에 베이지 않게 조심하세요.

'체험학습'이란 책에서나 수업 시간에 배운 지식을 실제 현장에서 직접 경험해 보는 공부 방법이에요. 단순히 전시된 물건을 관람하거나 공연을 보는 것이 아니라 학습을 하기 전에 미리 필요한 정보를 조사하는 것까지를 포함한 모든 활동을 의미해요. 어떻게 공부할 것인지를 준비하면 그렇지 않은 경우보다 훨씬 더 많은 것을 보고 느끼게 되겠지요. 이 책은 체험학습을 하려는 어린이들에게 좋은 길잡이 역할을 할 거예요.

## ❶ 가기 전에 읽어 보세요

이 책은 체험학습 현장을 어린이들이 쉽게 이해할 수 있도록 풀이한 안내서예요. 어린이들이 직접 체험학습 현장을 찾아가는 데 필요한 정보가 들어 있어요. 체험학습 현장을 가기 전에 꼼꼼히 읽어 보세요.

## ❷ 현장에서 비교해 보세요

국립민속박물관에서 우리 조상들의 전통 생활 문화를 만나 보세요. 조상들이 태어나서 죽을 때까지 어떤 삶을 살았는지 알아볼 수 있어요. 오늘날 우리들의 모습과 비교하며 재미있게 둘러보세요.

우리 조상의 삶이 생생하게 보여요

# 국립민속 박물관

글 구문회 이태희  그림 최현주

주니어김영사

# 차례

# 국립민속박물관에 가기 전에

## 미리 준비하세요

준비물
《국립민속박물관》 책,
필기도구, 카메라, 교통비

## 미리 알아 두세요

| 관람 시간 | 3 ~ 10월 | 11 ~ 2월 |
|---|---|---|
| | 09:00 ~ 18:00 | 09:00 ~ 17:00 |
| | (17:00까지 입장) | (16:00까지 입장) |

※6~8월: 주말·공휴일 09:00~19:00 (18:00까지 입장)

| | |
|---|---|
| 쉬는 날 | 1월 1일, 설날, 추석 |
| 입장료 | 무료 |
| 문의 | 02)3704-3114 |
| 주소 | (03045) 서울시 종로구 삼청로 37 |
| 홈페이지 | http://www.nfm.go.kr |

## 가는 방법

**지하철 타고 가요**
3호선 안국역 1번 출구로 나와서 동십자각 앞에서 삼청동길을 따라가요.
5호선 광화문역 2번 출구로 나와서 광화문 공원을 따라 국립민속박물관 방향으로 가요.

**버스 타고 가요**
간선버스(파란버스): 109, 151, 162, 171, 172, 272, 401, 406, 601, 606, 704
지선버스(초록버스): 1020, 1711, 7016, 7018, 7022, 7025, 7212
마을버스: 삼청교통 11번

# 국립민속박물관은요……

국립민속박물관은 우리나라를 대표하는 생활 문화 박물관이에요. 우리 민족의 전통 생활 문화를 느끼고 체험할 수 있지요. 옛날 우리 조상이 어떻게 생활했는지 궁금하지 않나요? 국립민속박물관에서는 우리 조상의 생활 문화, 일상생활, 일생과 관련된 다양한 전시물들을 살펴볼 수 있어요. 다양한 세시 풍속, 마을 신앙, 지역 축제 등 지금까지 이어져 온 전통 생활 문화를 보여 주지요. 우리 조상이 입었던 옷, 생활용품, 장신구, 놀이 기구 등을 둘러보면 과거로 시간 여행을 온 듯한 기분이 들 거예요.

국립민속박물관에서 다양한 우리 전통문화를 살펴보며 점점 사라져 가는 우리 문화의 소중함에 대해서도 생각해 보세요.

우리 조상들은 어떻게 생활했을까?

# 한눈에 보는 국립민속박물관

국립민속박물관은 크게 3곳으로 나뉘어 있어요. 국립민속박물관 전시관, 어린이박물관, 야외전시장이에요. 이중에서 국립민속박물관에는 전부 3개의 전시실이 있어요. 우리 조상의 일상생활을 엿볼 수 있는 '한국인의 하루관', 일 년 사계절의 변화에 따른 생활 문화에 대해 알아볼 수 있는 '한국인의 일상관'이 있지요.

어린이박물관

국립민속박물관

열두띠 동상

난 야외 전시실이
더 재미있어!

1전시관부터
3전시관까지 모 두
둘러봐야지.

수표

오촌댁

돌하르방

장승동산

그리고 마지막 전시관에서는 우리 조상이 태어나서 죽을 때까지 어떤 삶을 살아왔는지 알아보는 '한국인의 일생관'이 있어요. 한편 어린이박물관에서는 우리의 전통문화 중에서 의식주에 대해 직접 경험하고 체험해 볼 수 있답니다. 마지막으로 야외 전시장에서는 우리 민족의 갖가지 생활 풍속을 둘러볼 수 있어요.

우리 조상의 삶과 관련된 다양한 전시물들을 둘러보면서 우리 전통문화에 대해 생각해 보세요.

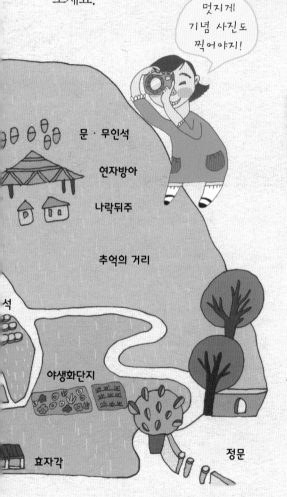

멋지게 기념 사진도 찍어야지!

문·무인석

연자방아

나락뒤주

추억의 거리

석

야생화단지

효자각

정문

## 어린이박물관

· 대상 : 유치원생 및 초등학생

· 관람 시간

| 3월~10월 | 11월~2월 |
|---|---|
| 09:00~18:00 | 09:00~17:00 |

· 휴관일 : 1월 1일, 설날, 추석

· 1회당 관람 인원 : 50명
 (인터넷 접수 30명, 현장 접수 20명)

· 1회당 관람 시간 : 1시간 정도

· 예약제로 운영하고 있어서 미리 신청한
 인원만 관람할 수 있어요.

· 홈페이지 : http://www.kidsnfm.go.kr

# 한국인은 어떻게 하루를 지냈을까?

하루 24시간은 우리에게 똑같이 주어져요. 조선 시대에 살았던 우리 조상들은 어떻게 하루를 지냈을까요? '한국인의 하루'관은 총 3부로 나눠 아침과 낮 그리고 밤에 우리나라 사람들이 살아가는 일상생활 모습을 전시하고 있어요.

집과 마을의 여러 장소에서 새벽부터 늦은 밤까지 자신들의 일을 하며 살아가는 사람들의 삶을 살펴보아요. 이른 아침에 일어나 몸가짐을 바르게 하던 선비, 들판에서 농사를 짓는 농부와 공방에서 생활용품을 만드는 장인, 우물가에서 물을 긷고 냇물에 빨래하는 여인, 아궁이에 불을 지피며 저녁상을 준비하는 아낙네의 모습, 늦은 밤 순찰을 도는 순라군 등을 만날 수 있어요.

낮,
일과 쉼이 함께하는 시간

밤,
모든 활동이
마무리되는 시간

아침,
만물이 깨어나는 시간

근현대의 하루,
변함없는
일상의 시간

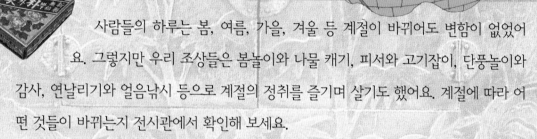

　사람들의 하루는 봄, 여름, 가을, 겨울 등 계절이 바뀌어도 변함이 없었어요. 그렇지만 우리 조상들은 봄놀이와 나물 캐기, 피서와 고기잡이, 단풍놀이와 감사, 연날리기와 얼음낚시 등으로 계절의 정취를 즐기며 살기도 했어요. 계절에 따라 어떤 것들이 바뀌는지 전시관에서 확인해 보세요.

　출구 구역에는 전통 사회의 생활 모습과 비교되는 근현대 사회의 하루를 소개하고 있어요. 때에 따라 변하지 않는 하루의 소중한 의미를 되돌아볼 수 있을 거예요.

　자, 그럼 지금부터 조선 시대에 살았던 사람들이 어떻게 하루를 보냈는지 전시관을 둘러볼까요?

**앙부일구**
솥 모양의 해시계라는 뜻으로, 안쪽에 설치된 바늘의 그림자를 이용해 시간의 변화와 절기를 확인할 수 있었어요.

**농가사시도**
사계절 농가에서 하는 일을 그린 그림이에요.

**자명종**
정해진 시간에 스스로 울린다는 시계예요. 출근이나 등교 시간에 늦지 않도록 시간을 맞춰 놓으면, 이를 정확히 알려 주었어요.

# 아침, 만물이 깨어나는 시간

　새벽의 찬 공기를 가르고 닭의 울음소리가 울려 퍼지고 먼동이 트면서 주변이 서서히 밝아오기 시작하면, 우리 조상들은 어김없이 하루를 시작했어요. 이른 새벽에 종이 33번 울리면 성문이 열리고 사람들이 통행할 수 있었어요.

　마을 어귀의 우물가에는 **꼭두새벽**부터 물을 뜨기 위해 물동이를 들고 나온 사람들이 모여들었고, 물동이가 줄을 지어 놓여 있었어요. 동이 가득 물을 채워 머리에 이고 집으로 돌아온 여인들은 장독대 옆 한쪽에 **정화수**를 정성스레 바쳤어요. 그렇게 가족의 평안을 빌면서 하루를 시작하곤 했어요.

**꼭두새벽**
아주 이른 새벽을 가리켜요.

**정화수**
이른 새벽에 길은 우물물을 말해요.

**물동이**
우물에서 길은 물을 담아 옮기던 항아리예요.

**우물가도**
물을 긷기 위해 우물가에 모인 사람들을 그린 그림이에요. 우물이 있는 집도 있었지만 주로 마을의 공동 우물에서 아침마다 물을 길어 왔어요.

**똬리**
물동이를 머리에 일 때 받치는 도구예요.

선비는 아침에 일어나 세수와 양치를 하고 차림새를 단정히 한 뒤, 의복과 **관모**를 갖추고 부모님께 문안 인사를 올렸어요. 또, 머리를 빗어 상투를 정리하고 옷을 갖춰 입고, 조상을 모신 사당을 찾아가 인사를 드리는 것으로 하루를 시작했어요.

**관모**
머리를 보호하고 장식하거나 의례를 갖추기 위한 쓰개를 일컫는 말이에요.

**추수 김제덕 초상(채용신 그림)**
학자나 선비가 평소에 입는 학창의와 머리에 쓴 정자관은 선비의 상징이에요.

**수양**

유교적 학식과 덕성, 교양을 모두 갖춘 사람을 군자라고 해요. 자신을 갈고닦아 군자가 되는 것은 선비의 목표였어요. 군자를 상징하는 자연물이 표현된 물건을 주변에 두고, 이것을 사용할 때마다 스스로 경계하고 몸과 마음을 바르게 하는 계기로 삼았어요. 군자를 상징하는 꽃과 나무 중 매화는 절개를 상징하고, 난초는 고결함을, 국화는 속세에 물들지 않는 지조를, 대나무와 소나무는 변하지 않는 마음을 뜻해요.

**수염빗**
수염을 가지런히 다듬는 데 사용하는 도구예요.

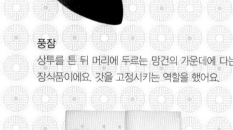

**풍잠**
상투를 튼 뒤 머리에 두르는 망건의 가운데에 다는 장식품이에요. 갓을 고정시키는 역할을 했어요.

**살쩍밀이**
상투를 튼 뒤 머리에 두르는 장식품인 망건을 쓸 때, 귀밑으로 흘러내린 머리카락을 망건 속으로 밀어 넣는 도구예요.

**사소절**
이덕무(1741~1793)가 쓴 책으로, 남녀노소 모두 일상생활에서 지켜야 할 예절을 설명하고 있어요.

**묘시**
오전 5시부터 오전 7시까지

**유시**
오후 5시부터 오후 7시까지

관리들은 대부분 **묘시**에 출근하고 **유시**에 퇴근했어요. 겨울에는 출근은 2시간 늦춰지고 퇴근은 2시간 앞당겨졌어요. 각 관청의 관리들은 머리에 사모를 쓰고 관복을 갖춰 입고 출근했어요. 각 지방의 관리들은 다스리는 마을을 돌아다니며 백성들의 어려움에 귀를 기울여 불편함이 없도록 살폈어요. 그중에서도 억울한 일을 당한 사람의 이야기를 듣고 사정을 파악하거나 백성들 사이의 다툼을 조화롭게 해결하는 것이 중요한 일이었어요.

조상님들이 너무
바쁘게 사신 것 같아.

**동다리와 전복**
조선 후기에 입던 군복으로, 지방관이 예를 갖춰 공식 업무를 할 때 입었어요.

**전립**
군복을 입을 때 썼던 모자예요.

**등채**
무관이 군복을 갖추어 입을 때 차던 채찍으로, 의례용 지휘봉으로 사용하였어요.

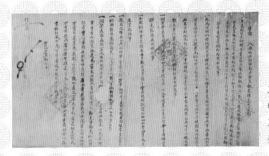

**고유**
이성렬(1865~?)이 순창군수로 부임하여 마을을 잘 다스리고자 하는 뜻을 알리기 위해 내린 문서로, 한문을 모르는 백성들을 위해 한글을 덧붙였어요.

농부는 저녁에 일찍 자고 새벽부터 일했어요. 겨울은 고된 농사일로부터 잠시 쉬어가는 계절이었지만, 늦봄부터 여름에는 한낮의 불볕더위를 피해 많은 일을 끝내야 했어요. 그래서 해가 뜨기 전에 일어나 이른 아침부터 매우 바쁘게 움직였어요. 무더운 여름이 가고 선선한 가을바람이 불어오기 시작하면, 정성들인 농작물을 거둬들이기 위해 역시 아침부터 바빴어요. 아침 식사는 일을 시작한지 한참이 지나서야 겨우 먹을 수 있었지요.

이렇게 하루를 여는 다양한 일상의 모습들이 모여 아침마다 익숙하면서도 늘 새로운 풍경들을 이루었어요.

우아, 저런 기구들로도 농사를 잘 지을 수 있었구나!

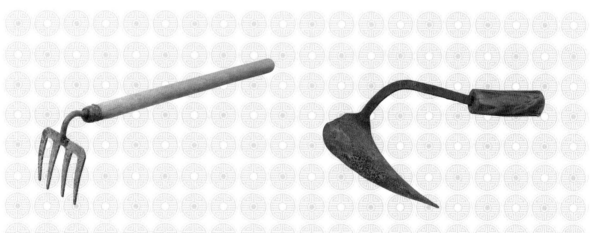

**쇠스랑**
땅을 파 헤쳐 고르거나 두엄을 썩힌 거름을 쳐내 끌어 담는 도구예요.

**논호미**
논의 풀을 제거하는 데 사용하는 농기구예요.

11

# 조선 시대 선비의 하루

동틀 무렵의 풍경을 상징하는 전시관 입구를 막 지나면, 인터렉티브 북 코너를 만날 수 있어요. 조선후기 윤최식이 선비들이 일상생활에서 지켜야 하는 행동 세칙을 기록한 《일용지결》이란 책을 활용한 쌍방향의 영상 프로그램이에요. 이 책에서는 조선 시대 선비들의 하루를 찾아볼 수 있는데, 하루를 12등분하여 선비들이 지켜야 할 생활 모습을 기록했어요.

일용지결(1880년, 한국국학진흥원 소장)

3~5시(인시) 대야에 물을 받아 세수와 양치를 한 뒤, 옷을 입고 머리에 관을 쓴다. (관즐의 관(盥櫛衣冠))

5~7시(묘시) 부모님이 일어나셨는지 안부를 여쭌 뒤, 이불을 걷고 부모님이 앉으실 자리를 정리한다. (부모기배알(父母起拜謁))

7~9시(진시) 자녀가 책을 베껴 글자 공부하는 것을 가르친다. 정성을 다하여 붓을 잡고, 글자를 바르게 쓰도록 해야 한다. (과자제사서(課子弟寫書))

9~11시(사시) 손님이 찾아오면 예로써 맞이하고 대접해야 한다. 손님을 모시고 안내할 때 편안하게 해야 하고, 인사할 때 법도에 맞아야 한다. (유빈즉이례연접(有賓則以禮延接))

11~13시(오시) 집안일을 하는 사람들이 맡은 일을 잘 하는지 살핀다. 잘못이 있어도 용서해 주고, 수고했다고 칭찬하여 일의 때를 놓치지 말아야 한다. (검시동복소임사(檢視僮僕所任事))

13~15시(미시) 시간을 내어 몸을 이완시키고 좋아하는 일을 하면서 생각을 쉬고 마음을 가다듬는다. (유시유완도창(有時游翫陶暢))

15~17시(신시) 천천히 책을 읽어 글을 음미하고, 시간을 들여 마음을 비우고 스스로 탐구하여 이치를 깨닫는다. (서독완미(徐讀翫味))

17~19시(유시) 부모님의 방으로 가서 잠자리를 살피는데, 자리를 정리하여 이불을 펴고 인사를 드린다. (부모지소혼정(父母之所昏定))

19~21시(술시) 등에 불을 밝히고 앉아서 하루의 일을 빠짐없이 적어 문서로 정리한다. (좌치부기사(座置簿記事))

21~23시(해시) 이불을 펴고 관과 옷을 벗은 뒤 천천히 누워 편안히 잠자리에 든다. (해의관취침(解衣冠就寢))

23~01시(자시) 편안히 잠자리에 들어 깊은 잠에 빠짐으로써, 잡념이 없어지고 순수한 마음가짐을 기른다. (안침뇌수(安寢牢睡))

1시~3시(축시) 첫닭이 울면 잠을 깨고 정신을 가다듬어 마음이 흐려지거나 어지럽지 않도록 한다. (침제성차심(寢提醒此心))

# 낮, 노동이 집약되는 시간

낮에는 농사일부터 집안일까지 바쁜 하루가 반복되었어요. 계절에 따라 낮에 해야 할 일들이 차례로 기다리고 있었어요. 선비를 비롯하여 농부, 장인과 같은 여러 계층과 남녀노소 누구나 맡겨진 일을 해야만 했어요.

사대부 집안에서는 손님이 오면 한가할 틈이 없었어요. 정성을 다해 손님을 대접하는 것은 매우 중요한 일이었기 때문이에요. 사대부는 손님에게 음식을 대접하고 학문에 대한 이야기를 나누며 친분을 다졌어요. 시를 짓거나 바둑, 장기를 두기도 했어요.

따뜻한 봄볕에 겨우내 얼어붙은 땅이 녹으면, 농가에서는 낮 동안의 바쁜 일상이 시작되었어요. 농부들은 한 해의 풍요로운 수확을 기원하며 쟁기 · 따비 · **써레**로 논을 갈고 씨를 뿌린 뒤에 논밭에 물길을 내리느라 부지런히 움직였어요.

 **써레**
쟁기질을 한 논바닥의 흙덩이를 부스거나 판을 덧대어 바닥을 평평하게 고르는 농기구에요.

**나전 바둑판**
조개껍데기를 여러 가지 모양으로 박는 기법으로 만든 나전 공예품이에요. 바둑은 말없이 손으로 대화한다는 의미에서 '수담'이라고도 했어요.

**다과상(해주반)**
집에 찾아온 손님을 대접하기 위한 상차림이에요. 계절에 맞는 과일을 꿀에 절여 정과를 만들고, 주전자에 차를 데우거나 술을 담아 상을 차렸어요.

음력 5월경이 되면 논에서는 모내기에 이어 김매기가 이어졌고, 밭에서는 겨울에 심은 보리와 밀을 거두거나 그 자리에 다양한 농작물을 심었어요.

가을이 되면 풍성하게 자란 농작물을 거둬들였어요. 마당과 집안 곳곳에는 타작한 곡식들이 쌓이고 잘 익은 열매들이 주렁주렁 매달렸어요.

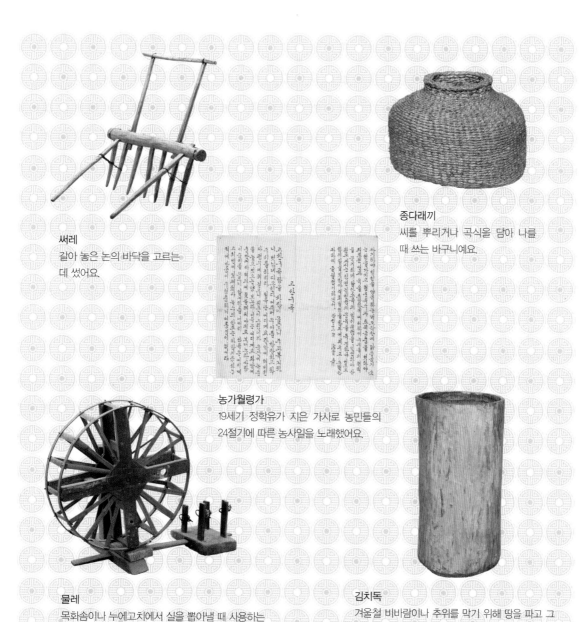

**써레**
갈아 놓은 논의 바닥을 고르는 데 썼어요.

**종다래끼**
씨를 뿌리거나 곡식을 담아 나를 때 쓰는 바구니예요.

**농가월령가**
19세기 정학유가 지은 가사로 농민들의 24절기에 따른 농사일을 노래했어요.

**물레**
목화솜이나 누에고치에서 실을 뽑아낼 때 사용하는 도구예요.

**김치독**
겨울철 비바람이나 추위를 막기 위해 땅을 파고 그 위에 짚으로 지붕을 만들어 덮어 김장독을 넣어 두었어요.

## 특별한 하루, 쉼과 여가

조선 시대 사람들은 바쁜 일상을 보내면서도 계절에 따라 다양한 여가를 즐겼어요. 사대부는 봄가을에 자연과 벗 삼아 시를 짓거나 그림을 그리면서 계절의 분위기를 즐겼어요. 여인들은 들과 산으로 꽃구경을 하며 나물을 캐러 다녔어요. 여름 불볕더위에 바깥활동이 어려워지면, 가까운 냇가나 계곡으로 나가 물고기를 잡으며 더위를 피하기도 했어요. 가을걷이가 끝나고 단풍이 지는 늦가을이 되면 가을의 넉넉함에 감사하며 함께 음식을 만들어 먹었죠. 겨울에는 매서운 추위에도 불구하고 야외에서 얼음낚시와 사냥을 즐겼어요. 아이들은 얼음 위에서 팽이를 돌리고 썰매를 타며 움츠러든 몸을 단련하면서 추위를 견뎠어요.

농가의 여인들은 농사일뿐만 아니라 아이를 키우고 매 끼니마다 식사를 준비하고 빨래와 같은 집안일을 하느라 쉴 틈이 없었어요. 늦은 봄부터 베를 짜서 식구들의 옷을 만들어 입히고, 겨울이 되면 옷에 솜을 넣어 겨우내 따뜻하게 지낼 수 있도록 했어요.

> 농민들이 사계절을 이렇게 날 수 있었구나.

**바구니**
나물을 캐어 담는 도구예요.

**가리**
얕은 물에서 물고기를 가둔 뒤 손을 넣어 꺼내 잡는 도구예요. 싸릿대를 엮어 고깔 모양으로 만들었어요.

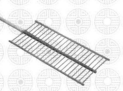

**견짓대**
낚싯줄을 감고 강물의 흐름에 따라 낚시채비를 흘려보냈다가 다시 감아 들이기를 반복하여 물고기를 낚는 도구예요. 얼음 낚시할 때에도 사용했어요.

**팽이**
둥글고 짧은 나무의 한쪽 끝을 뾰족하게 깎은 다음, 쇠구슬 따위의 심을 박고 팽이채로 돌아가는 팽이를 쳐서 쓰러지지 않도록 했어요.

한편 우리나라에는 옛날부터 나무가 많아 다양한 목기들을 만들어 사용했어요. 겨우내 잘 말린 나무로 가구나 생활용품을 만들었는데, 그것을 만드는 장인을 '소목장'이라고 해요. 장인은 공방에서 대부분의 시간을 나무를 손질하며 보냈어요. 못줄과 톱을 이용해 판재를 만들고, 대패질로 평평하게 다듬은 후에 끌과 망치를 이용해 홈을 파고 짜임새를 갖추었어요. 마지막으로 표면을 곱게 다듬어 **나뭇결**을 정리했어요.

나무로 만든 가구를 잘 살펴보면, 모서리나 자물쇠 등에서 금속으로 만든 **경첩**이나 금속 장식물을 발견할 수 있어요. 이것을 '장석'이라 하는데, 가족의 화목을 바라는 만(卍) 자와 장수를 상징하는 수(壽) 자, 행복을 뜻하는 복(福) 자 등 여러 가지 무늬를 새겨 넣었어요.

**나뭇결**
세로로 자른 나무의 표면에 나이테 때문에 나타나는 무늬

**경첩**
가구의 문짝을 다는 데 쓰는 철물

반닫이
앞면을 반으로 나누어 위 반쪽을 여닫을 수 있도록 하는 가구로, 앞닫이라고도 해요. 가정에서 옷이나 문서 등을 보관하는 데 사용하며, 위에 이불을 얹거나 살림살이를 올려놓기도 했어요. 지역마다 크기와 형태가 달랐어요.

자물쇠

시골 할머니 댁에서 비슷한 가구를 본 것 같아.

# 밤, 모든 활동이 마무리되는 시간

해가 저물어 저녁이 되면 낮의 바쁜 일들은 어느덧 마무리 되었어요. 피곤한 몸을 이끌고 집으로 돌아와 저녁밥을 먹고 나면, 사방이 어둑해진 집밖에는 사람들의 발길이 뜸해졌어요. 사람들은 대부분 집 안에서 할 수 있는 일에 집중했어요. 등잔불 아래 학문에 전념하는 선비부터 가족의 옷을 바느질하고 다리는 여인에 이르기까지, 밤은 모두에게 다음 날을 준비하는 시간이었어요.

하루의 일과를 마칠 즈음, 집안의 여인들은 저녁 음식 준비로 매우 바빴어요.

**조선 시대 사람들은 하루에 몇 끼를 먹었을까요?**

보통 아침밥과 저녁밥, 두 끼를 먹었어요. 하루해가 긴 여름에는 간단한 점심을 포함하여 세 끼를 먹었고, 해가 짧은 겨울에는 두 끼를 먹었어요. 사람들이 지금처럼 세 끼를 먹게 된 것은 20세기에 들어서였어요.

두 끼를 푸짐하게 먹어야 했을 것 같아.

**벽걸이 등잔**
벽에 걸어놓고 사용한 등잔이에요.

**촛대**
초를 꽂아 사용하는 도구예요. 초의 심지를 자를 수 있도록 가위를 달아두었어요.

아궁이에 불을 지펴 솥에 밥을 안치고 제철에 구할 수 있는 재료로 여러 가지 반찬을 만들면, 일에 지친 가족들의 몸을 회복하게 하는 음식이 되었어요. 일상적인 식사는 밥이나 국수와 같은 곡류를 기본으로 몇 가지 반찬을 곁들여 **소반**에 차려 먹었어요. 밥과 국, 김치와 장류를 기본으로 하고 여기에 반찬의 수가 더해졌어요. 계절에 따라 진달래 화전, 녹두로 만든 **국수**, 따뜻한 장국에 끓인 온면, 국화전, 동지 **팥죽**, 새해 떡국 등 특별한 음식을 만들어 먹기도 했어요.

**소반**
음식을 담은 그릇을 올려놓는 작은 상

**국수**
차가운 성질의 녹두로 만든 국수는 몸의 온도를 내려 주어 시원하게 여름을 날 수 있는 음식이었어요.

**팥죽**
작은설인 동짓날, 팥죽을 만들어 조상을 대접하고 가족과 나눠 먹으며 다가올 새해의 안녕을 기원했어요. 집안 곳곳에 팥죽을 뿌려 액을 쫓기도 했어요.

**절구와 절구공이**
곡물을 빻거나 떡을 만드는 데 쓰는 도구예요.

**국수틀**
반죽을 통에 넣고 눌러서 국수를 뽑아내는 도구예요.

5첩 반상기와 사각반

캄캄한 밤, 집안의 여인들은 등불을 켜고 가족들이 입을 옷을 직접 만들었어요. 가위로 옷감을 자르고 바느질하고 다듬이질하는 것은 여인들의 중요한 일이었어요. 가족들이 건강하게 오래 살며 복을 받기를 바라는 마음을 담아, 바느질 도구와 **베갯모**에 수(壽)자와 복(福)자를 새겨 넣었어요. 가족들의 여름옷과 겨울 옷감을 깨끗하게 빨래하고, 다듬잇방망이로 두들겨 구김 없이 가지런하게 만들었어요. 집집마다 밤늦게까지 옷감을 다듬는 다듬이질 소리가 끊이지 않았어요.

**배갯모**
베개의 양쪽 면에 덧대어 꾸민 모양새

**반짇고리**
바느질에 필요한 도구 등을 담아 두는 함이에요.

**다듬잇돌과 다듬잇방망이**

**조족등**
불빛이 발밑을 비추도록 만들어진 휴대용 조명 기구예요.

**다리미와 다리미받침**

자연과 더불어 하루를 살던 사람들은 생활 주변에서 나타나는 모든 현상을 그냥 넘기지 않았어요. 《조선왕조실록》에는 일식이나, 월식, 혜성의 출현과 같은 이상한 현상이 관측되는 대로 빠짐없이 기록되어 있어요. 밤하늘을 수놓은 별자리를 관찰하여 그 해에 풍년이 들지 흉년이 들지 점치기도 했고, 소망을 담아 바라는 것이 이루어지기를 빌었어요. 잠자리에 들었을 때 꿈속에 나타나는 여러 모습이 좋은 것인지 나쁜 것인지 점을 쳐서 행동을 조심하기도 했어요.

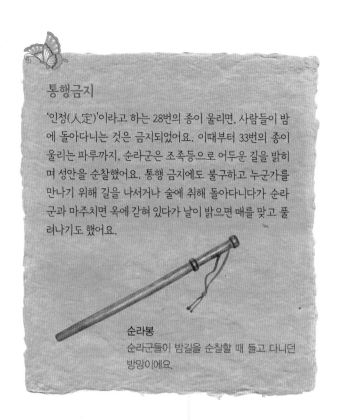

### 통행금지

'인정(人定)'이라고 하는 28번의 종이 울리면, 사람들이 밤에 돌아다니는 것은 금지되었어요. 이때부터 33번의 종이 울리는 파루까지, 순라군은 조족등으로 어두운 길을 밝히며 성안을 순찰했어요. 통행 금지에도 불구하고 누군가를 만나기 위해 길을 나서거나 술에 취해 돌아다니다가 순라군과 마주치면 옥에 갇혀 있다가 날이 밝으면 매를 맞고 풀려나기도 했어요.

**순라봉**
순라군들이 밤길을 순찰할 때 들고 다니던 방망이에요.

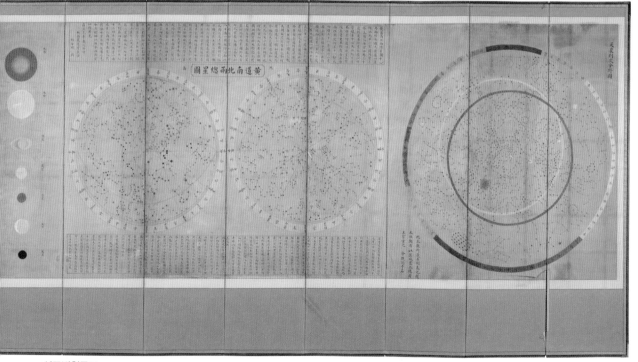

**신구법천문도**
조선 초기의 전통적인 천문도인 천상열차분야지도와 17세기 이후 서양식 천문도인 신법천문도가 함께 그려져 있어요. 신법천문도는 천체를 북반구와 남반구로 나누어 그렸고, 구법천문도는 북극을 중심으로 하나의 원 안에 모든 별자리를 그렸어요.

# 근현대의 하루,
# 변함없는 일상의 시간

근현대 사회를 살아가는 사람들의 일상은 농업이 중심이었던 전통 사회를 살았던 사람들의 삶과 달랐어요. 대부분의 사람들이 농촌마을에서 살던 전통 사회는 이른 새벽 닭 울음소리에 깨어나 해가 뜨고 지는 것에 따라 하루를 보냈어요. 반면에 근현대 사회에서는 정해진 시간에 맞추어 하루를 보냈어요. 아침을 알리는 닭의 울음소리는 자명종이 대신했고, 집과 직장이 분리되면서 사람들은 정해진 시간에 회사나 공장으로 출근하기 위해 바쁘게 움직여야 했어요.

근현대 사회에서는 부모에서 자식으로 이어지던 **가업**은 줄어드는 대신, 사람들이 일정한 장소에 모여 일하는 회사와 새로운 직업들이 생겨났어요.

**가업**
대대로 물려받는 집안의 일

**작업복**
작업장의 복장을 통일하고, 안전을 위해
근로자에게 지급되었어요.

**재봉틀**
옷을 만들거나 수선할 때 사용하는 기계로,
1960~70년대 필수 혼수품으로 인기를 끌었어요.

손으로 하던 작업은 기계로 대체되었고, 전깃불이 환하게 밤을 밝히면서 하루의 일과가 그만큼 길어졌어요. 집안의 여성들은 손수 바느질을 하다가 재봉틀과 같은 기계의 힘을 빌려 옷을 만드는 것에 익숙해졌어요.

근현대 사회에서는 가족들이 함께 저녁 식사를 하는 것이 어려워졌어요. 각자의 일터에서 일을 마치고 돌아오는 시간이 달랐기 때문이에요. 밤늦게 집에 들어온 가족들을 위해 차려진 저녁상에는 **상보**가 덮여 있었고, 밥통의 밥은 아랫목의 이불 속에서 온기를 유지하고 있었어요. 늦은 저녁을 먹은 뒤 사람들은 드라마와 뉴스를 청취하고, 음악 방송에 귀를 기울이며 하루를 마무리하였어요. 늦은 밤 라디오가 알려 주는 **시보** 소리에 맞춰 잠자리에 들었어요. 그러나 매일 새로운 아침을 맞이하고, 삶에 대한 염원을 담아 하루를 살아가는 일반 사람들의 생활모습은 근현대 사회나 전통 사회나 특별히 다르지 않았어요.

**상보**
음식을 차려 놓은 밥상을 덮는 보자기

**시보**
라디오나 통신을 통해 표준 시간을 일반 사람들에게 알리는 일

상보

전기 곤로
전기를 이용한 조리 도구로, 음식을 따뜻하게 데우기 위해 사용했어요.

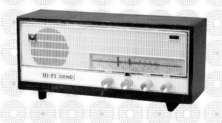
라디오
텔레비전이 보급되기 이전, 라디오는 여가와 휴식을 위한 필수품이었어요.

# 한국인은 무슨 일을 하며 살았을까?

우리나라는 봄, 여름, 가을, 겨울, 사계절이 분명하게 나뉘어요. 조선 시대에는 농사가 중요한 삶의 수단이었기 때문에 지금보다 계절의 변화에 민감했어요.

'한국인의 일상관'에서는 농사를 하며 사계절의 변화에 맞춰 살아온 조선 시대 사람들의 생활 모습을 볼 수 있어요. 아울러 마을과 마을, 사람과 사람, 물자와 물자를 서로 연결해 주는 문화와 교역의 공간이었던 시장도 볼 수 있지요.

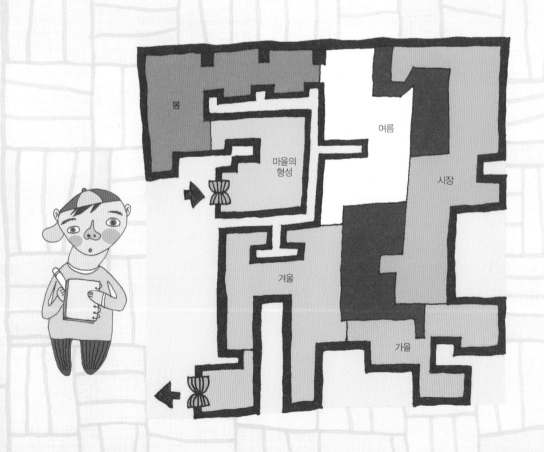

전시관에 들어가기 전에 입구에서 장승을 만날 수 있을 거예요. 조선 시대 사람들은 마을 입구에 사람의 얼굴을 그리거나 조각한 장승을 세우고, '천하대장군', '지하여장군'이라는 이름을 새겼어요. 장승은 마을이나 지역 사이의 경계를 표시하거나 위치를 알려 주기도 했지만, 주로 잡귀와 질병으로부터 마을 사람들을 지켜 주는 역할을 했어요. 장승 옆에는 솟대를 세우기도 했어요. 솟대는 나무나 돌로 만든 새를 긴 막대기나 돌기둥 위에 얹은 것으로, 풍년을 기원하는 마음을 담아 세운 것이에요.

자, 그럼 전시관으로 들어가 볼까요?

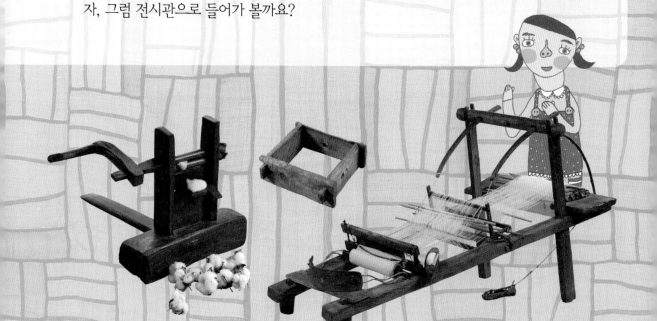

# 봄, 농사의 시작

봄은 24절기 중 입춘(양력 2월 4일 경)부터 곡우(양력 4월 20일 경)까지의 기간을 가리켜요.

조선 시대에 봄이 되면 나라는 백성에게 농사에 힘쓸 것을 권장하고, 백성들은 한 해 농사의 풍년과 평안을 기원하며 마을의 수호신에게 제사를 지냈어요.

농사를 본격적으로 시작하기 전에 농부들은 소를 이용해 논과 밭을 갈았어요. 집 안에 모아 두었던 분뇨나 퇴비 등 거름을 장군이나 똥지게로 퍼다 날라 논과 밭에 뿌렸어요. 그리고 쟁기질이나 가래질을 해서

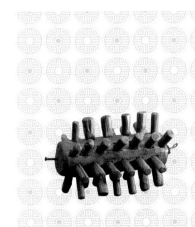

**남태**
씨 뿌린 땅을 다질 때 사용해요. 양쪽에 끈을 맨 뒤에 사람이나 소가 끌고 다녀요.

**쟁기**
소의 몸에 연결하여 논이나 밭을 가는 도구로 쇠로 만든 큰 삽 같은 것이 붙어 있어요.

땅을 갈아엎었어요. 곡식들이 잘 자라도록 땅의 힘을 돋우는 과정이지요. 그 다음에는 밭에 씨를 뿌리고 모를 논에 옮겨 심는 등 본격적인 농사일을 시작했어요.

한편 봄이 되면 어촌에서는 **어로**의 안전과 **풍어**를 기원하는 고사를 지냈어요. '바다의 밭'이라 할 수 있는 갯벌에서도 어패류 채취가 이루어졌어요. 갯벌은 바닷물이 드나드는 넓은 들로, 바지락, 굴, 꼬막, 낙지 등 많은 어패류가 살아요. 겨울 추위를 피해 뻘 속으로 깊이 들어가 있던 어패류가 봄이 되어 갯벌의 표면 위로 올라오면, 갯벌을 생활 터전으로 삼고 살아가는 어촌 사람들의 손길은 더욱 분주해지지요.

### 두레와 농악

두레는 농민들이 서로 힘을 합쳐 함께 농사일을 하던 풍습이에요. 혼자서 일하는 것보다 여러 명이 함께 일하는 것이 좋았기 때문이에요. 농사는 짧은 기간에 많은 노동력이 필요하므로 두레를 통한 공동 노동이 매우 중요했지요. 두렛일을 할 때는 농기를 세우고, 갖가지 악기를 연주하며 고된 농사일에 흥을 돋우었어요. 이것을 농악이라고 하지요.

 **어로**
물고기나 수산물을 잡거나 거두어들이는 일이에요.

 **풍어**
물고기가 많이 잡히는 것을 말해요.

> 농사와 어로 활동을 할 때 쓰인 도구들이로구나!

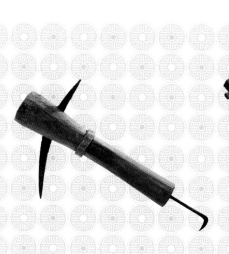

조새
바위 위에 붙은 굴을 따거나 껍데기를 까는 데 사용해요.

갯벌썰매
갯벌에서 잡은 굴, 조개, 게 등을 담거나 나르는 데 사용해요.

# 여름, 일과 휴식

여름은 24절기 중 입하(양력 5월 5일 경)부터 대서(양력 7월 24일 경)까지의 기간을 가리켜요.

여름이 되면 뜨거운 햇볕을 받은 농작물이 쑥쑥 자라지요. 논에서는 벼와 함께 피, 방동사니, 올챙이고랭이 등의 잡초도 자라요. 농작물 사이사이에서 자라난 잡초를 뽑아 없애는 김매기는 사람이 직접 해야 하기 때문에 무척 고된 일이었어요. 김매기가 끝나면 술과 음식을 먹으며 흥겹게 하루를 즐기며 김매기가 끝난 것을 축하했어요. 이것을 '호미씻이'라고 해요. 일을 하다가 잠깐 쉴 때에는 배를 채우기 위해 음식을 먹곤 했는데, 이때 먹는 음식

**호미**
김을 맬 때 가장 많이 사용하는 도구예요. 논에서 사용하는 것은 흙밥이 잘 뒤집히도록 날이 크고 많이 휘어져 있고, 밭에서 사용하는 것은 돌과 자갈을 잘 고르도록 날이 작고 뾰족해요.

**토시**
김매기를 할 때 손목이나 팔목이 상하지 않도록 팔에 끼우는 김매기용 토시예요.

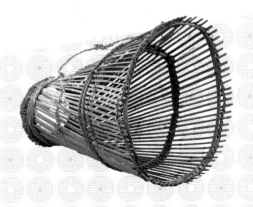

**가리**
물고기를 잡는 기구예요.

을 '새참'이라고 불렀어요. 새참과 함께 마시는 막걸리 한 사발은 고된 농사일을 잊게 해 주었어요.

한편 물 관리는 김매기와 함께 한 해 농사의 **풍흉**을 결정할 만큼 매우 중요한 일이었어요. 물의 양을 조절하기 위해 논에 용두레로 물을 퍼 올리고, 비 오는 날이면 논에 물이 너무 많이 고이지 않도록 **살포**로 논두렁에 물꼬를 터 주곤 했어요.

한낮의 더위에 지친 사람들은 **천렵**을 하거나 낮잠을 통해 휴식을 가졌어요. 또한 무더운 여름을 건강하게 나기 위해 모시와 삼베로 시원한 여름옷을 만들어 입었어요. 여름옷을 입기 전에 통풍이 잘 되도록 등거리나 토시를 착용하고, 옷에 풀을 먹인 후 다듬이질로 구김살을 펴서 시원함을 더하기도 했어요.

### 베짜기

여성들이 집 안에서 삼베, 모시, 명주, 무명 등 옷감을 짜는 일을 베짜기(길쌈)라고 했어요. 베짜기로 만든 옷감으로 직접 옷을 만들어 입기도 했고, 옷감을 시장에 내다 팔아 소득을 얻기도 했어요.

**풍흉**
풍년과 흉년을 아울러 이르는 말이에요.

**살포**
긴 자루 끝에 삽, 괭이, 주걱 모양의 날을 달아 논의 물꼬를 조절하는 데 쓰는 농기구예요.

**천렵**
경치가 좋은 강가에서 물고기를 잡으며 술과 음식을 먹고 즐기는 여름나기 놀이예요.

용두레
낮은 곳의 물을 높은 곳으로 퍼 올리는 데 사용하는 농기구예요.

베틀
씨실과 날실을 이용해 옷감을 짜는 가구예요.

# 시장, 옛날에 팔던 생활용품들

여러분은 부모님이랑 물건을 살 때 동네에 있는 마트에 자주 가나요? 아니면 시장에 가나요? 조선 시대 사람들은 생활에 필요한 물건을 사기 위해 시장에 갔어요. 조선 시대의 시장에는 여러 가지 물건을 파는 가게들이 많이 있었어요.

## 상전

말총, 가죽, 초, 밀, 실, 이야기책 등 일상생활에 필요한 다양한 물건들을 팔았어요. 대한 제국 시대에는 이 밖에도 빗, 거울, 가위, 안경, 안경집 등도 팔았지요.

## 세물전

혼례나 장사 같은 큰일을 치를 때에 필요한 사기그릇이나 놋그릇 등 각종 용기, 소반, 멍석 등을 돈을 받고 빌려주는 가게예요.

## 모자전

모자를 파는 가게예요. 말총으로 만든 갓을 파는 흑립전, 흰 삼베로 만든 백립을 파는 백립전, 망건을 파는 망건전, 동물 털로 만든 모자를 파는 전립전, 풀을 엮어 만든 초립을 파는 초립전으로 나뉘어 있어요.

조선 초기에 **시전**이 한양에 설치된 것을 시작으로, 점차 지방에 **향시**가 정기적으로 개설되어 전국에 1000개가 넘는 시장이 생겼어요. 시장에는 전국 각지에서 온 사람들이 시장에 모여 지역 특산물을 판매하거나 물물교환을 하기도 했어요. 여러 사람이 모이는 시장에는 놀이판도 생겨났어요. 특히 탈놀이판이 자주 벌어졌는데, 탈놀이는 사회를 풍자하는 내용을 담고 있어 서민들의 애환을 달래 주었어요.

### 시전
조선 시대에 지금의 서울 종로를 중심으로 설치한 상설 시장이에요.

### 향시
삼국 시대부터 조선 초기까지 지방에서 열리던 장시를 말해요.

### 양태전
갓양태를 만들어 팔고, 수리하는 곳이에요. 양태는 어른 남자가 쓰던 갓의 둥글넓적한 테두리 부분을 말해요.

### 신발전
신발을 파는 가게예요. 쇠가죽 신창, 짚신, 가죽에 기름을 먹인 징신, 당혜 등을 파는 이서전, 짚이나 삼으로 엮어 만든 미투리를 파는 승혜전, 나막신과 왕골이나 볏짚으로 만든 물건을 파는 초물전으로 나뉘어 있어요.

### 포목전
천을 파는 가게예요. 무명을 파는 면포전, 명주를 파는 면주전, 모시를 파는 저포전, 베를 파는 포전으로 나뉘어 있어요.

# 조선 시대의 보부상과 객주

보부상은 장신구, 종이, 화장품 등 부피가 작고 가벼운 상품을 보자기에 싸서 가지고 다니는 '보상'과 목기, 소금, 약재 등 부피가 크거나 무거운 상품을 등에 짊어지고 다니는 '부상'을 합쳐 부르는 말이에요. 보부상은 각 지역의 시장을 돌아다니면서 지역 간의 물품 교류를 활발하게 하고, 세상 돌아가는 이야기를 전해 주는 역할을 했어요. 보부상은 튼튼한 조직을 갖추고 있었으며, 자신들을 관리하는 관청인 상무사에 소속되어 상권을 보장받았어요.

장신구

목기

소금

종이용품

화장품

약재

**보상**
가벼운 상품을 보자기에 싸고
다니는 상인이에요.

**부상**
무겁고 부피가 큰 상품을 등에
짊어지고 다니는 상인이에요.

객주는 다른 지역에서 온 상인들에게 쉴 곳을 제공하고, 물건을 매매하는 상인이에요. 이들은 술과 국수, 국밥 등의 음식을 보부상에게 팔기도 했어요. 따라서 자연스럽게 객주에서는 숙박이 이루어지고, 모여서 쉬는 시간에 투전이나 골패 등 오락을 하기도 했어요.

유물 퀴즈

다음 중 농사에 쓰인 기구가 아닌 것을 찾아 보세요.(26~29쪽 참고)

① ② ③ ④

☞정답은 72쪽에

# 가을, 가을걷이와 감사

가을은 24절기 중 입추(양력 8월 8일 경)부터 상강(양력 10월 23일 경)까지의 기간을 가리켜요.

가을이 되면 여름내 뜨거운 햇볕을 받아 잘 익은 곡식을 거두어들여요. 이를 가을걷이라고 했지요. 벼, 콩, 팥, 옥수수, 메밀 등 수확한 곡식은 타작 도구와 탈곡 도구를 이용해 가공하고 저장했어요. 이렇게 가을걷이를 마치면 비로소 한 해 농사를 마무리 짓게 돼요.

음력 8월 15일은 '추석'으로, 이때에는 조상께 풍작에 대한 감사의 뜻으로 햇곡식과 햇과일을 바치는 차례를 지냈어요. 풍요, 다산, 다복, 장수를 기원하는 문양을 새긴 떡과 다식도 만들어 조상께 올렸다고 해요.

또한 가을에는 문틀과 창틀에 찬바람이 들어오지 못하도록 창호지를 새로 바르고, 지붕을 수리하는 등 겨울을 날 준비를 했지요.

**도리깨**
도래방석 위에 벼를 올려놓고 긴 막대 같은 것
으로 내려 쳐서 낟알을 얻어요.

**키**
낟알을 담은 뒤, 천천히 흔들어 쭉정이나 티끌을 골라
내는 기구예요.

**매통**
곡물의 껍질을 벗기는 농기구예요.

**풍구**
바람을 일으켜 깨끗한 곡식을 골라내는 기구예요.

**떡살**
떡에 예쁜 무늬를
찍어 내는 도구예요.

# 겨울, 사냥과 양식의 저장

겨울은 24절기 중 입동(양력 11월 8일 경)부터 대한(양력 1월 20일 경)까지의 시간을 가리켜요. 겨울이 되면 거두어들인 곡식을 겨우내 먹을 수 있도록 잘 쌓아 두고, 다음 해 땅에 뿌릴 씨앗을 보관했어요.

늦가을에서 초겨울 사이에는 집집마다 메주를 만들었어요. 이때 만든 메주는 장을 만드는 기본 재료로 쓰였어요. 메주와 함께 콩으로 만든 두부는 단백질을 보충하는 음식으로 겨울철 건강을 유지하는 데 도움을 주었지요.

한겨울에 눈이 내리면 사람들은 마을 뒷산으로 나가 사냥을 했어요. 그리고 꿩, 멧돼지 등의 동물을 잡아

**설피**
눈이 많은 산간 지역에서 사용했던 덧신이에요.

**누비저고리**
누비는 손이 많이 가는 바느질이지만 보온 효과가 높아 겨울옷을 만드는 데 많이 이용했어요.

먹으면서 동물성 단백질을 섭취했지요.

또한 겨울에는 채소를 구하기 힘들기 때문에 마을의 부녀자들이 함께 모여 겨울 동안 먹을 김치를 한 꺼번에 담갔어요. 이를 '김장'이라고 해요. 예로부터 김치는 '겨울의 반양식'이라고 해서 대부분의 가정에서 꼭 담가 먹었어요. 김치는 겨울에 부족하기 쉬운 비타민을 보충할 수 있는 훌륭한 음식이지요.

한편 우리 조상들은 매서운 겨울 추위를 나기 위해 옷감 안팎 사이에 솜을 누빈 누비옷이나 솜옷을 만들어 입었어요. 겨울철에 외출할 때는 솜두루마기와 토시 그리고 여러 종류의 방한모자를 착용했어요.

곳간과 장독대

곳간은 겨울 동안 먹을 곡식과 다음 해 봄에 땅에 뿌릴 씨앗을 보관하는 곳이에요. 곳간 안에는 씨앗을 보관하는 단지들이 있어요. 외부 사람들이 함부로 드나들 수 없도록 곳간 문 앞에 커다란 자물쇠를 달아 곡식과 씨앗을 보호했어요. 장독대는 간장, 된장, 고추장 등의 장류와 젓갈 등을 담은 질그릇을 두는 곳이에요. 대개 햇볕이 잘 드는 곳에 놓아 두었어요.

우리 조상은 겨울을 잘 보내기 위해 이런 도구를 사용했구나!

**자물쇠**
겨우내 먹을 식량이 보관된 곳간 문 앞에 달아 둔 자물쇠예요.

**메주틀**
메주의 모양을 만드는 틀이에요.

**씨아**
목화의 씨를 빼는 도구예요.

# 설, 다시 새로운 한 해를 준비하며

설날은 한 해가 시작되는 첫날로 우리나라의 대표적인 명절이에요. 한 해의 절기가 새로 시작되는 날이기도 하지요. 설날에는 설빔, 세배, 덕담, 차례, 복조리 걸기 등 다양한 풍속이 있는데, 이러한 풍속에는 새로운 한 해를 잘 보내기를 소망하는 뜻이 들어 있었어요.

설날에 고향 집이나 친척 집을 방문하면 일가친척들이 음식과 곡식 등을 보자기에 싸서 서로 나누어 주곤 했어요. 이것은 지금까지도 이어지는 우리나라의 명절 풍습이에요. 이때 보자기에는 풍성한 음식뿐 아니라 가족 간의 '정'도 함께 담았어요.

**조각보**
여러 가지 천을 조화롭게 배치해 바느질한 조각보예요.

**까치두루마기**
어린아이가 까치설날에 입는 오색 두루마기예요. 까치설날은 설날 하루 전인 섣달 그믐날을 말해요.

# 남성의 공간, 여성의 공간

**경상**
책을 보거나 글씨를 쓸 때 사용하던
책상이에요.

옛날 한옥에는 남성과 여성들이 사용하는 공간이
분명하게 나뉘어 있었어요. 남성들의 공간은 '사랑채'
라고 불렀어요. 사랑채는 보통 사랑대청, 사랑방, 누
마루 등으로 이루어져 있었고, 대문 가까이에 있었어
요. 주로 손님들을 맞이하거나 이웃이나 친지들이 모
여서 친목을 다지고 집안 어른이 어린 자녀들에게 글을 가르치
는 장소이기도 했어요.

한편 여성들의 주된 생활 공간은 '안채'
라고 불렀어요. 안채는 대청, 안방,
부엌 등으로 이루어져 있었고, 집
의 가장 안쪽의 외부와 접촉이 기
의 없는 공간에 위치했어요. 안방은
집의 안주인이 사는 곳으로 휴식은
물론 가족들의 의식주에 관련된 집
안일을 하는 장소였어요.

**반짇고리**
가위, 실, 천조각 등 바느질에 필요
한 물건들을 담아 두었어요.

**사방탁자**
기둥과 널판으로 이루어
진 사방이 트인 가구로
문방구류와 책, 꽃병 등
을 올려놓았어요.

**찬방**

찬방은 부엌 옆에 붙어 있던 방으로
간단한 반찬을 만들거나 조리된 음
식을 소반 위에 놓아 안방, 사랑방
으로 내가는 공간이에요.

**경대**
거울이 달려 있어 화장을 하며 얼굴을 볼 수 있
었어요.

# 한국인은 어떻게 살았을까?

　가족의 사진첩에는 우리 가족의 이런저런 일들이 고스란히 담겨 있어요. 태어나서 처음으로 한 나들이, 첫 번째 생일, 입학식 등 우리 가족의 이야기가 담긴 사진첩은 과거와 오늘을 연결해 주는 고리가 되지요. 그래서 사진첩은 우리 가족의 역사책이기도 하지요.

　옛 사람들의 삶에도 사진으로 남을 만큼 중요한 사건들이 있었어요. 물론 사람마다 사는 모습은 달랐지만 태어나고 성장하며, 늙고 죽음을 맞이하면서 누구나 한 번쯤은 거쳐 가는 중요한 일들이 있었지요.

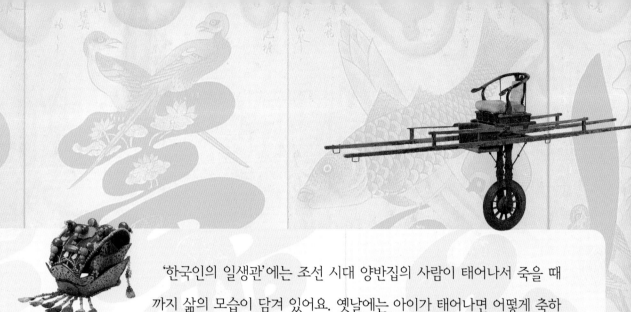

'한국인의 일생관'에는 조선 시대 양반집의 사람이 태어나서 죽을 때까지 삶의 모습이 담겨 있어요. 옛날에는 아이가 태어나면 어떻게 축하를 했고, 자라면 어떤 교육을 받았는지, 혼례는 어떻게 치루었는지 등을 살펴볼 수 있지요. 또 관직에 나아가 나랏일을 하고, 물러난 뒤에는 어떤 삶을 즐겼을까요? 우리 조상들은 삶의 풍류를 즐기기 위해 다양한 놀이를 즐겼어요.

자, 지금부터 옛 사람들의 삶 속으로 들어가 볼까요?

# 으앙 으앙, 세상에 태어나다

엄마가 아이를 가지면 대개 태몽을 꾼다고 해요. 태몽의 내용은 사람마다 달라요. 어떤 사람은 과일, 어떤 사람은 동물 꿈을 꾸기도 해요. 그리고 태몽을 통해 뱃속의 아이가 남자일까, 여자일까 생각해 보지요. 전시장에 있는 부부의 방에 나비가 걸려 있는 것을 보니 이 부부는 나비 태몽을 꾸었나 봐요.

아이가 태어나면 금줄을 둘러 알리지요.

신성
거룩하고 성스러운 것을 말해요.

## 아이가 태어났어요

엄마가 아이를 가진 지 열 달이 지나면 아이는 세상에 태어나지요. 아이가 태어난 집으로 가 볼까요? 와! 대문에 금줄이 쳐 있네요. 문에 금줄을 두르면 그 안은 신성한 장소라는 의미예요. 옛 사람들은 금줄은 나쁜 기운이 들어오는 것을 막아 준다고 믿었어요. 그래서 방금 태어난 아이에게 나쁜 기운이 들어오지 않도록 금줄을 두르는 것이지요. 그리고 아이가 태어났다고 주위에 알리는 표시이기도 해요. 사람들은 이 금줄을 보고 아이가 태어난 것을 알고 축하를 해 주고,

**삼신상**
아이가 건강하게 태어날 수 있게 도와 준 삼신할머니에게 드리는 감사의 표시로 차려 놓은 상이에요.

**태실**
탯줄을 담은 항아리를 보관하는 항아리예요.

**태항아리**
탯줄을 보관하는 항아리예요.

우리 엄마는 나를 가졌을 때 어떤 태몽을 꾸었을까?

아이에게 나쁜 일이 생기지 않도록 서로 조심한답니다. 그리고 아이가 태어나면 세 개의 밥그릇에 수저를 세우고 고깔모자를 씌운 삼신상을 차려 놓아요. 아이가 건강하게 태어날 수 있게 도와준 삼신할머니에게 감사의 표시로 바치는 상이에요.

## 아이의 첫 생일이에요

태어나서 1년이 지나 첫 생일을 맞이했어요. 첫 생일, 즉 첫 돌에는 1년 동안 무사히 자란 것을 축하는 돌잔치를 열어요. 남자 아이는 **오방색** 저고리에 호건을 쓰고, 여자 아이는 색동저고리에 족두리를 쓰고 가족들의 축하를 받아요. 친척과 이웃들에게 글자를 한 자 한 자 받아 천자문을 만들기도 해요. 사람들은 글자를 써 주며 아이의 밝은 미래와 건강을 기원하지요.

돌상에는 엽전, 쌀, 붓, 책, 가위와 자, 실패 등이 놓여 있어요. 바로 돌잡이를 하기 위해서예요. 이 중에서 아이가 어떤 물건을 잡는지 보고 아이의 건강과 미래 등을 상상해 보았지요. 여러분은 돌잡이 때 어떤 물건을 잡았나요?

### 태실

옛날에는 아기가 태어나면 탯줄을 따로 보관했어요. 엄마의 뱃속에서 영양분을 받는 이 탯줄이 아이에게 생명을 가져다 준 소중한 것이라고 생각했거든요. 이런 탯줄을 천에 곱게 싸서 보관했어요. 특히 왕실에서는 나라의 운명과 관계가 있다고 생각하여 탯줄을 항아리에 넣은 뒤 돌로 만든 함에 넣고 명당자리에 묻었어요. 탯줄을 넣은 함을 태실이라고 하지요.

🟤 **오방색**
다섯 방향의 위치를 상징하는 색이에요. 동쪽은 청색, 서쪽은 흰색, 남쪽은 적색, 북쪽은 흑색, 가운데는 황색이에요.

**돌상**
음식과 엽전, 쌀, 붓, 책, 가위와 자, 실패 등을 놓아요.

**《천인천자문》**
친척과 이웃들이 아이가 잘 되라는 의미를 담아 한 자씩 써준 천자문으로 돌상에 놓지요.

**호건**
호랑이 얼굴 모양으로 만든 모자예요. 남자 아이들이 돌 때 썼어요. 호랑이는 나쁜 기운을 물리쳐요.

# 하늘천 따지 검을 현 누루 황

남자 아이들은 서당에서 천자문을 비롯한 여러 가지를 배웠어요.
하지만 이마저도 양반집의 아이들에게나 기회가 주어졌지요.

옛날 사람들의 교육은 어떻게 이루어졌을까요? 조선 시대 가장 대표적인 학교는 서당이에요. 서당에서는 글을 읽고 쓰는 법과 옛 선현들의 이야기를 배웠어요. 옛날에는 책과 종이가 귀해 다른 학생의 책을 베껴서 보기도 했어요. 글씨 연습을 할 때는 사판이나, 분판을 사용했지요. 아이들은 책에서 배운 내용을 다 외우지 못하거나 공부를 게을리하면 훈장에게 종아리를 맞기도 했답니다.

조선 시대 가장 중요한 학문은 **성리학**이었어요. 그 안에는 오늘날의 문학, 역사학, 천문학 등 다양한 지식이 포함되어 있어요. 서원이

**문자도**
효(孝), 제(悌), 충(忠), 신(信), 예(禮), 의(義), 염(廉), 치(恥) 의 여덟 글자를 여러 가지 형태로 변형하고 글자의 안과 획에 관계 있는 그림을 그려 넣어 여덟 폭의 병풍으로 꾸민 것이에요.

효

제

충

신

나 향교 같은 큰 학교에서는 천문 관측 기구인 혼천의를 놓고 우주의 모양에 대해 토론하거나 지도를 놓고 세상을 공부하기도 했어요.

교육은 집안에서도 이루어졌어요. 부모님과 친척들로부터 지켜야 할 예절을 배웠으며, 문자도를 펼쳐 놓고 살아가는 데 필요한 중요한 덕목들을 생각했지요. 그리고 나라에서는 우리나라와 중국의 효자, 충신 등의 이야기를 담은 《오륜행실도》와 《삼강행실도》 같은 그림책을 만들어 많은 사람들이 쉽게 읽을 수 있도록 했어요.

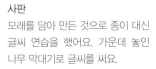

하지만 옛날에는 요즘처럼 모든 사람이 다 학교를 다닐 수는 없었어요. 교육의 기회는 대부분 양반집의 자식이나 남자들에게만 주어졌어요.

**사판**
모래를 담아 만든 것으로 종이 대신 글씨 연습을 했어요. 가운데 놓인 나무 막대기로 글씨를 써요.

**여성들은 어떤 교육을 받았을까?**

조선 시대 여성들은 남자들처럼 서당이나 향교 같은 학교에 갈 수 없었어요. 대신 여성들은 집에서 바느질과 길쌈 같은 집안일을 배웠어요. 한문은 배우지 않고 한글을 배워 소설을 읽고 편지를 주고받기도 했지요. 하지만 집안에 따라서 한문을 가르쳐 《여사서》와 같은 여성들의 규범을 담은 책을 읽게도 했어요. 사회적인 제약 때문에 바깥 활동이 힘들었지만 허난설헌처럼 훌륭한 문학 작품을 남긴 여성들도 있었어요.

**성리학**
공자와 선현의 가르침을 통해 우주의 이치와 사람의 본성에 대해 탐구하는 학문이에요.

예

의

염

치

# 연지 곤지 찍고 꽃가마 타고

**사주**
사람이 태어난 연월일시를 말해요.

요즘 사람들은 자신이 마음에 드는 사람과 사귀고 결혼하지요. 하지만 조선 시대에는 대부분 중매하는 사람이 집안과 집안 사이를 오가며 혼인을 성사시켰어요. 부모들끼리 먼저 이야기가 오고 간 뒤 양쪽 집안 모두 혼인에 동의하면, 신랑과 신부의 사주를 주고받고 언제 혼례를 치를지 결정했지요.

혼례 날, 신랑은 옷을 갖춰 입고 신부의 집으로 가지요. 이때 신랑 집안의 큰 어른이 나무기러기를 들고 앞장을 서요. 그리고 신부집에서는 마당 앞에 혼례를 치를 준비를 하고 신랑 일행을 맞이해요. 연지 곤지를 찍고 활옷을 곱게 차려 입은 신부와, 사모를 쓰고 관복을 입은 늠름한

족두리

혼례 날에는 마을 사람들이 모두 모여 축하하고 기뻐해 주지요.

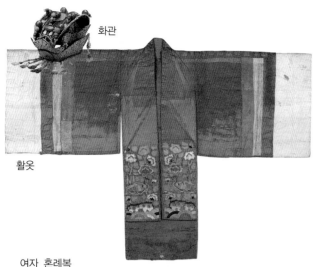

화관

활옷

**여자 혼례복**
원래 공주나 옹주의 혼례복으로 입던 예복인데 나중에
는 일반 서민도 입었어요. 오늘날에도 폐백할 때 입는 가
장 아름다운 예복 가운데 하나예요.

사모

단령

목화

**남자 혼례복**
원래 관원들이 입던 옷으로 일반 백성들은 혼례를 올릴
때에나 특별히 입을 수 있었어요.

**가마**
신부는 결혼을 하면 가마
를 타고 신랑과 함께 시집
으로 가지요.

**나무기러기와 보**
혼인식 때 상 위에 놓는 나무기러기는
질서와 화합을 상징해요.

신랑이 마주보고 서지요. 마을 어른이 사회를 보고
온 가족이 지켜보는 가운데, 서로 맞절을 하며 혼인
식을 올려요. 이 혼인식을 '초례'라고 했어요.

초례를 치르고 나면 신랑은 신부의 집에서 하루나
이틀을 지낸 다음 신부와 함께 자신의 집으로 돌아
가요. 이때 신부는 화려하게 장식한 꽃가마를 타고
가지요. 혼례를 통해 두 사람은 한 가족이 된답니다.
그만큼 혼례는 일생의 가장 큰 일이었어요.

**호랑이 가죽 무늬 담요**

신부가 신랑의 집으로 가마를 타고
갈 때 호랑이 가죽이나 호랑이 무
늬가 있는 담요를 덮었어요. 그 이
유는 새로운 식구를 맞이할 때 그
틈을 타 집안에 들어오려고 하는
나쁜 기운이나 악귀를 쫓기 위해서
였어요.

# 집안의 번창과 화목을 바라며

조선 시대에는 대부분 친척이 한 마을에 모여 살았어요. 그래서 가족간의 우애도 매우 돈독했어요. 아버지에서 아들로 집안의 대를 잇는 것은 자식의 당연한 도리였어요. 특히 가문을 이어받은 가장은 집안의 번창과 화목을 위한 책임이 있었고, 그만큼 다른 형제들에게도 존경받았어요. 집안의 제사를 지내고 족보를 만드는 것은 대를 이어받은 가장이 해야 할 중요한 일이었어요. 제사를 지내면서 조상을 기리고 가족이 한자리에 모여 단합하기도 했어요. 그리고 족보를 만들어서 가문의 역사를 기록하고 일가친척의 관계를 기록했지요. 전시장에 있는 한 가문의 자료를 살펴보세요. 그 집안 식구들의 이름과 관직 등이 적혀 있답니다.

가정의 안주인은 가족이 화목하게 지내기를 바라며 가장을 도왔지요. 집안 살림을 꾸리고, 집안의 다른 여성들과 함께 가문의 중요한 행사를 치렀어요. 반짇고리, 버선집, 수저집 등 여성들이 만들고 사용했던 다양한 물건들에는 가족의 평안을 기원했던 안주인들의 마음이 담겨 있어요.

## 정려문

조선 시대에는 나라에서 충신, 효자, 열녀에게 상을 주었어요. 그리고 이를 기념해 마을 입구나 집 대문 앞에 붉은 문을 세웠어요. 이때 내리는 상을 정려라고 하고, 그것을 기념해 세워준 문을 정려문이라고 해요. 그 밖에 효자가 받은 것은 효자문, 열녀가 받은 것은 열녀문이라고 하지요. 한 마을에 정려문이 있으면 그 마을의 상징과도 같았어요.

우아, 한 집안에 어떤 사람들이 있었는지 다 기록되어 있어!

### 가승
직계 조상을 중심으로 가계를 기록한 족보의 일종이에요. 집안의 시조에서 현재의 나까지 어떻게 이어지는지 알려 주지요. 다른 족보들은 집안의 모든 친척까지 기록하지만, 이 족보는 나를 중심으로 우리 집안의 역사를 더듬어 볼 수 있어요.

전시실에는 아버지가 아들에게, 그리고 아들이 아버지에게 보낸 편지글이 있답니다. 그럼 우리도 아버지, 어머니를 생각하며 편지를 한번 써 보는 것은 어떨까요?

여기서 **잠깐!**

**할아버지, 할머니, 그리고 외할아버지와 외할머니의 성함을 써 보세요.**

여러분은 할아버지, 할머니, 그리고 외할아버지와 외할머니의 성함을 알고 있나요? 혹시 모른다면 부모님께 여쭤보고 써 보세요.

할아버지　（　　　　　　）
할머니　　（　　　　　　）
외할아버지（　　　　　　）
외할머니　（　　　　　　）

☞ 정답은 72쪽에

작은걸음 **큰** 생각

# 집에는 많은 신들이 살고 있어요

옛날 사람들은 집안에 살고 있는 신을 잘 모셔야 집안이 평화롭고 번창할 수 있다고 생각했어요. 그래서 집안 곳곳에 신들을 위한 장소를 마련해 두었지요. 저기 안방 윗목 선반에 쌀을 담는 항아리가 보이나요? 바로 삼신단지예요. 삼신은 아이를 잘 낳아 대가 이어지도록 도와주는 신이에요. 대청마루로 나와 볼까요? 대들보에 붙어 있는 한지는 집안에 번성과 풍요를 가져다 주는 성주신을 위한 것이에요. 어떤 지역에서는 실타래를 걸기도 했어요. 자, 이제 부엌으로 가볼까요? 부뚜막 위의 작은 물그릇은 조왕신이에요. 옛날 어머니들은 새벽에 정화수를 떠 놓고 조왕신께 기도하며 가족의 안녕을 기원했어요. 바깥 장독대에는 짚을 꼬아 우산 모양으로 만들어 두거나 독에 쌀을 담고 짚으로 덮어 두기도 했지요. 이는 터주신을 위한 거예요. 터주신은 집터의 토지신으로 집안의 평안을 가져다 주지요. 그 밖에 문이나 화장실에도 신이 있었다고 해요.

집안 살림을 맡은 여자들은 조왕신에게 가족이 평안하기를 바라며 기도했어요.

# 벼슬을 얻어 나랏일을 하다

조선 시대에는 과거에 합격하여 관리가 되는 것이 가장 출세하는 길이었어요. 과거는 문관을 뽑는 문과와 무관을 뽑는 무과, 그리고 외국어, 천문, 수학 등 특정한 기술자를 뽑는 잡과가 있었어요. 하지만 잡과는 높은 관직에 오를 수가 없었어요. 그래서 과거는 일반적으로 문과와 무과를 의미했어요. 문과는 세 단계의 시험을 치렀는데, 첫 번째와 두 번째 시험으로 합격자를 결정하고, 세 번째 시험에서는 등수를 가렸어요. 이 모든 시험이 끝나면 합격자는 왕에게 합격 증서인 홍패와 어사화를 하사받았어요. 그리고 3일 동안 풍악을 앞세우며 인사를 다녔지요.

문과와 무과에 합격하면 각각 문관과 무관이 되지요. 바로 이 둘을 가리켜서 양반

과거에서 급제하여 돌아오는 선비가 있으면 그날은 온 마을이 축제라도 벌어진 양 들썩들썩했어요.

**초헌**
종2품 이상의 벼슬을 한 사람이 타던 수레예요.

**남여**
3품 이상의 승지와 참의들이 타던 가마예요.

이라고 했어요. 문관은 조정에서 나랏일을 결정하거나 지방으로 내려가 지방의 행정을 담당했어요. 그리고 왕에게 학문이나 정치에 관한 조언도 해 주었어요. 무관은 군사 업무를 담당하고, 전쟁 때에는 전장에 나갔어요. 조선 시대에는 전쟁터에서도 문관이 무관보다 높은 자리에서 군대를 다스리기도 했어요. 당시에는 학문을 중시해서 무관보다 문관을 우대했기 때문이지요.

평상시에 관리는 사모를 쓰고 단령이라는 옷을 입었어요. 단령의 가슴에는 흉배를 달았는데 학, 호랑이 등의 수가 놓여 있었어요. 이를 보고 그 사람이 문관인지, 무관인지 어느 정도 지위에 있는지 알 수 있었지요.

## 등용문의 유래

중국에는 황허라는 긴 강이 있어요. 서쪽의 사막에서 시작해 황해로 흘러 나오지요. 그 강 중간에는 매우 가파른 폭포가 있는데, 물고기들이 쉽게 거슬러 올라갈 수가 없었지요. 그런데, 물고기가 그곳을 튀어 올라가면 그 물고기는 용이 된다고 해요. 그래서 그곳을 용문이라고 하지요. 출세를 뜻하는 등용문이라는 말은 바로 여기서 유래했어요.

**홍패**
흰 종이와 붉은 종이에 급제자의 성적, 성명, 등급 등이 적혀 있어요.

**문관 흉배**
고결하고 맑은 기상을 상징하는 학을 수놓았어요.

**무관 흉배**
용맹함을 상징하는 호랑이를 수놓았어요.

**어사화(좌)와 화첩(우)**
어사화는 임금이 내린 종이꽃으로 급제한 사람에게 머리에 쓰는 관 뒤에 꽂게 했어요. 화첩은 어사화를 보관하는 함이에요.

**등용문도**
잉어가 용이 되듯이 출세의 의미를 지니고 있어요. 과거를 준비하는 학생들의 방에 걸어 뒀지요.

# 삶의 여흥을 즐기다

요즘 사람들은 스포츠, 여행, 영화 등 다양한 방법으로 **여가**를 즐기지요. 이처럼 조선 시대 사람들도 다양한 놀이를 즐겼어요. 바둑, 장기, 투호 등을 하거나, 산과 들에서 활쏘기를 하면서 몸과 마음을 단련했어요. 자연을 벗 삼아 정자를 짓고, 홀로 거문고를 어루만지며 시를 읊기도 했지요. 또는 여럿이서 판소리를 듣거나 거문고 같은 악기 연주를 감상하면서 술을 마시거나, 시를 주고받으며 그림을 감상했어요. 이렇게 조선 시대 양반들은 일상을 벗어나 자연 속에서 쉬면서 풍류를 즐겼어요. 당시 선비들에게 풍류는 단순히 즐기고 노는 일이 아니었어요.

**여가**
한가롭게 즐길 수 있는 시간을 말해요.

풍류는 예술과 교양으로 선비가 갖추어야 할 덕목이자 사회 활동의 수단이었어요. 그래서 당시의 선비들은 시, 서화, 음악, 그림 등에 관심이 많았고, 뛰어났답니다.

이런 행위는 여러 분야의 발전을 가져오기도 했어요. 선비들이 읊었던 시는 문학으로 발전했고, 즐겨 그리던 시화나 그림은 서화첩으로 남았어요.

풍류를 즐기는 양반들

**가야금**
12줄의 현악기로 소리가 맑고 우아하여 아악과 민속악에 널리 사용하였지요.

**거문고**
6줄의 현악기로 소리가 깊고 장중하여 많은 선비들로부터 사랑을 받았지요.

**아쟁**
7줄의 현악기로 길고 낮은 저음으로 인해 합주 음악에 많이 사용했어요.

풍류는 시간이 흐를수록 점차 많은 사람들이 즐기는 오락이 되었어요. 사람들이 많이 모이는 곳에서 공연이 펼쳐지기도 하고, 바둑이나 장기 같은 실내놀이도 널리 유행했지요.

여기서
**잠깐!**

### 쌍륙놀이를 해 봐요!

쌍륙은 주사위를 굴려서 나온 숫자대로 말을 이동해서 누가 먼저 자기 말을 먼저 궁에 넣는지 겨루는 경기예요. 자, 우리도 쌍륙놀이를 해 볼까요?

① 먼저 말판에 검은말과 흰말을 각각 16개씩 배치해요.

② 서로 번갈아 주사위를 굴려요. 한 번에 두 번씩 던져서 얻은 수를 더한 만큼 말을 이동해요. 두 번 모두 같은 수가 나오면 합해서 말 하나를 이동해도 되고, 나온 수만큼 두 개의 말을 이동해도 돼요.

③ 양쪽의 말이 한 금 안에 동시에 있어도 돼요. 하지만 주사위를 던져 말 한 개를 더 들여보내거나, 같은 수가 나오면 두 개의 말을 한꺼번에 이동해서 상대편의 말을 잡을 수 있어요. 잡힌 말은 처음부터 다시 출발해야 해요.

④ 금 하나에 5개 이상의 말을 놓을 수 없어요. 뒤로는 갈 수 없고, 때에 따라 주사위를 던지지 않고 쉴 수 있어요.

⑤ 이동하면서 상대보다 먼저 자기편의 말을 모두 궁에 넣으면 승리하지요.

쌍륙놀이판

**술병**
소풍을 갈 때 술을 따뜻하게 가져갈 수 있도록 나무로 만들었어요. 술잔도 함께 있어, 휴대하기 편리했지요.

**해금**
2줄의 현악기로 앙앙거리는 독특한 음색으로 인해 '깡깡이'라고도 하지요.

**바둑판**
검은 돌과 흰 돌을 한 점 씩 두며 누가 더 많은 집을 만드는지 겨루는 경기예요. 아주 오래전부터 선비들이 즐겼던 놀이예요.

# 건강을 보살펴 장수를 꿈꾸다

**무신도**
무당이 굿을 할 때 걸어 놓는 다양한 신들의 초상화예요.

시간은 물과 같아서 누구도 흘러가는 것을 막을 수 없다고 하지요. 그래서 사람은 시간이 지나면 늙지요.

한의학에서는 우리의 몸도 자연과 같다고 생각했어요. 우리의 몸을 움직이게 하는 질서가 깨지면 몸에 이상이 생긴다고 여겼어요. 그래서 몸의 질서를 유지하는 기의 흐름을 관찰하여 부족하면 더해 주고, 넘치면 덜어 내며, 막힌 곳이 있으면 잘 통하도록 침을 놓거나 약을 먹었지요. 하지만 옛날에는 약재가 귀해서 일반 백성들은 약을 먹고 치료를 받는 일이 쉽지 않았어요. 그래서 사람들

**점상**
점을 치는 도구와 부적들이에요.

**부적**
잡귀를 쫓고 재앙을 물리치기 위하여 붉은색으로 글씨를 쓰거나 그림을 그려 몸에 지니거나 집에 붙이는 종이예요.

**《당사주책》**
사주로 사람의 운세를 풀이한 그림책이에요.

**부적판**
부적을 찍어 내기 위해 만든 목판이에요. 잡귀를 물리치거나 소원을 이루게 해 주는 등 누구나 바라는 내용이 담긴 부적은 목판에 새겨 많은 양을 찍어 내기도 했어요.

**점통**
통을 흔들어서 나오는
쾌에 따라 점을 쳐요.

은 병에 걸리지 않도록 부적을 사다 붙이기도 하고, 제웅을 사용해 나쁜 기운을 털어 버리기도 했지요. 천연두나 콜레라 같은 전염병이 돌 때는 무당을 불러 굿을 하며 병을 가져다주는 귀신을 물리치기도 했지요.

생활 여건이 넉넉하고, 의료 기술이 발달한 요즘과 달리 옛날 사람들은 장수를 누리는 사람이 많지 않았어요. 그래서 회갑, 칠순, 팔순이 되면 온 가족과 마을 사람들이 모여 장수를 축하하는 잔치를 열었답니다.

**제웅**
짚으로 만든 사람 모양의 인형이에요.

작은걸음
**큰** 생각

# 무당은 정말 미신일까요?

드라마 사극에서 한 번쯤 무당이 하는 굿을 보았을 거예요. 신이 사람의 몸에 들어가 무서운 표정을 짓고, 어떤 사람들을 저주하거나, 나쁜 일들이 일어나도록 기도하는 모습이었지요. 하지만 무당이 이처럼 나쁜 일만 한 것은 아니었어요. 옛날 사람들에게 무당은 무척 중요한 사람이었어요. 집안의 중요한 행사가 있으면, 좋은 날을 점쳐 주었어요. 미래에 일어날지 모를 좋지 않은 일에 미리 대비하도록 하여, 나쁜 기운을 떨쳐 버릴 수 있게 도와주었지요. 그것이 사실이냐고요? 물론 오늘날에 보기에는 과학적 근거가 없는 일로 보일 수도 있어요. 하지만 수해나 가뭄 같은 자연의 재앙에 고통 받고, 적절한 약품이나 치료법을 몰라 질병에 시달렸던 옛 사람들은 무당을 통해 미래를 대비하고 마음의 안정을 찾기도 했답니다.

무당의 갖가지 주술적 행위를 통해 사람들은 갖은 근심과 걱정을 떨쳐버렸지요.

# 삶의 여정을 끝마치다

옛 사람들은 사람이 태어나는 것을 세상 밖으로 나왔다고 생각했어요. 그리고 죽으면 태어나기 전에 있었던 곳으로 다시 돌아간다고 생각했어요. 그래서 집안의 어른이 죽으면 '돌아가셨다.'고 하거나 '세상을 떠났다.'고 하지요. 세상을 떠나는 망자를 위해 자손을 비롯한 일가친척, 이웃 친지들이 모여 작별 인사를 하지요. 이것을 상례라고 해요.

상례는 짧게는 3일, 길게는 7일 동안 치렀어요. 친척과 이웃을 초청하여 음식을 대접하며 이별의 슬픔을 함께 나눴지요. 이 기간이 끝나면 시신을 상여에 태우고 긴 행렬을 이루며 산소로 가지요. 산소에는 죽은 뒤의 세계에서도 잘 지내기를 바라는 마음으로 생활용기와 옷을 함께 묻기도 있었어요. 산소를

부모님이 돌아가시면 정성을 다해 상을 치렀어요.

**지석**
무덤에 묻힌 사람의 이름, 생년월일 등을 돌이나 나무 등에 적은 것이에요. 혹시 무덤이 무너지거나 산소의 위치를 알 수 없을 때를 대비해 묻어 두는 것이에요.

**방갓**
얼굴을 가리기 위해 쓰는 모자예요. 부모님이 돌아가시면, 죄인이라고 생각해서 3년 동안 밖에 나갈 때 얼굴을 가렸어요.

**상여**
시신을 무덤까지 옮겨가는 도구예요. 10여 명이 메고 가며 길이가 길고 가마처럼 화려하게 꾸민 것부터 간소한 것까지 종류가 다양해요.

만든 뒤 자식은 돌아가신 부모에게 도리를 다하기 위해 27개월 동안 산소 곁에 **여막**을 짓고 부모가 살아 있을 때처럼 아침 저녁으로 진지를 올렸어요. 이를 '삼년상'이라고 하지요.

그리고 해마다 제삿날에 가족들이 모여 제사를 지내며 조상을 기렸어요. 넉넉한 집에서는 사당을 짓고 아버지, 어머니부터 고조할아버지, 고조할머니까지 4대조의 신주를 모셨어요. 제사를 지내면서 후손들은 조상과 친척들의 관계를 확인할 수 있었어요.

**감실**
조상의 신주를 모셔 두는 함이에요. 사당을 지을 수 없는 사람들은 집 모양으로 감실을 만들어 대청에 두고 조상을 모셨어요.

**여막**
자식들이 돌아가신 부모님의 곁을 지키기 위해 산소 옆에 풀이나 짚으로 지은 집을 말해요.

명당

조선 시대에는 부모의 산소를 좋은 곳에 쓰면, 조상이 그 기를 받아 후손에게 복을 내려 준다고 생각했지요. 그래서 산천의 기를 잘 받을 수 있는 장소인 명당을 찾아 부모의 산소를 마련했어요. 명당은 산이 포근하게 감싸고 있는 곳이랍니다. 왼쪽에 있는 산을 좌청룡, 오른쪽에 있는 산을 우백호라고 불렀지요.

**신주**
돌아가신 조상의 혼이 깃들어 있다고 여기는 나무패예요. 사당에 모시고 제사를 올리다가 4대가 지나면 산소에 묻었지요.

**감모여재도**
사당을 그린 그림이에요. 가운데 부분에 위패를 붙여 놓고 제사를 지냈어요.

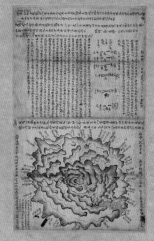

**명당도**
좋은 자리에 조상의 산소를 만들고, 그 산소의 위치가 어떻게 좋은지 의미를 기록한 것이에요.

# 옛날 사람들은 어떤 삶을 꿈꾸었을까?

여러분은 어떤 소원을 갖고 있나요? 갖고 싶은 장난감, 동생과 사이좋게 지내기, 엄마와 아빠에게 칭찬 받기 등등 저마다 소원이 있겠지요. 옛날 우리 조상들은 모든 소원을 '수(壽)'와 '복(福)'이라는 두 글자로 표현했어요. 수는 오래 산다는 뜻이고, 복은 복을 받는다는 의미랍니다. 건강하게 오래오래 가족과 화목하게 산다면 더 바랄 것이 없을 거예요. 여기에 복까지 듬뿍 받는다면 더없이 좋은 일이지요. 그래서 옛날 사람들이 쓰던 물건에는 이런 바람이 드러나 있어요. 잘 모르겠다고요? 아마 전시를 꼼꼼하게 본 친구들은 벌써 눈치를 챘을지 몰라요. 이미 여러분이 봤던 많은 옛 물건에는 건강하게 오래 살고 가족이 화목하기를 바랐던 마음이 잘 나타나 있답니다.

나도 백수백복도를 그려 부모님께 선물해야지!

**백수백복도**
'수' 자와 '복' 자를 다양한 모양으로 그려 넣은 병풍이에요. 오래 살라는 의미가 담겨 있어서, 회갑연 때 펼쳐 놓기도 하고 어른들의 방에 장식품으로 놓기도 했어요.

사람들은 이런 바람을 담아 '수'자와 '복'자를 예쁜 모양으로 만들어 무늬처럼 사용했어요. 오래 살고 복을 받고자 했던 소망을 그림으로도 표현했어요. 가장 유명한 것은 십장생이에요. 십장생은 예로부터 오래 산다거나 영원히 변하지 않는다고 생각했던 것들을 모아 놓은 것이에요. 해, 산, 돌, 물, 구름, 소나무, 불로초, 거북, 학, 사슴이 바로 그것이지요. 이런 십장생도는 함께 나오기도 하고, 더러는 따로 나오기도 하지요. 그리고 박쥐는 한자로 쓰면 복 복자와 발음이 같아, 복을 상징하는 동물로 여겼어요. 그리고 모란은 부귀를, 포도와 석류는 자손의 번창을 의미했어요. 그리고 호랑이는 나쁜 기운을 쫓아주는 의미가 있었답니다. 지금까지 본 전시물들을 꼼꼼하게 살펴보고 다시 한 번 떠올려 보세요.

**필통**
십장생 가운데 하나인 사슴 문양이 들어 있어요. 한자로 벼슬을 의미하는 '녹'자와 발음이 같아 높은 벼슬에 오른다는 의미를 담고 있지요.

**배게**
옆에 목숨 수자를 수놓았어요.

**화로**
목숨 수자와 양 옆에 지조를 상징하는 대나무와 소나무를 새겨 넣었어요.

**촛대**
다리의 모양을 목숨 수자로 만들고 받침에는 복을 상징하는 박쥐 문양을 작게 새겨 넣었어요.

**안경집**
수자와 복자, 그리고 십장생 문양을 넣었어요.

**다듬잇돌**
수자와 복자를 넣어 삶의 행복을 기원했지요.

# 야외 전시물을 둘러보아요

국립민속박물관의 전시실은 재미있게 둘러보았나요? 그런데 여기서 끝난 것이 아니에요. 야외전시실이 아직 남아 있어요. 이곳에는 실내 전시실에서는 보지 못했던 우리나라의 민속과 관련된 여러 가지 모형 전시물을 볼 수 있어요. 하늘 높이 솟아 있는 솟대, 마을을 지키는 장승, 추억의 거리, 마을 사람들이 공동으로 쓰던 연자방아 등을 둘러보다 보면 과거로 시간을 거슬러 올라가게 되지요.

### ❶ 오촌댁
경상북도 영덕군 영해면 원구1리에서 1848년에 지어진 집이에요. 이 지역에 지어졌던 조선 후기 중·상류 계층 전통 한옥의 모습을 볼 수 있는 집이에요. '영양남씨 난고종파'로부터 기증받아 옮겨 왔답니다.

### ❷ 장승 동산과 돌탑, 솟대
장승은 마을을 지켜주는 수호신이며 지역의 경계를 나타내거나 길을 알려주는 이정표 역할을 해요. 돌탑은 돌을 원뿔 모양으로 차곡차곡 쌓아올린 탑으로 마을 안으로 들어오는 재앙을 막는 역할을 해요. 그리고 솟대는 나무나 돌로 된 긴 장대 위에 오리나 새 모양을 올려 세워 놓은 것으로 잡귀나 액을 막지요.

### ❸ 추억의 거리
국립어린이박물관 개관에 맞춰 1960~70년대 당시 엄마 아빠의 '추억의 거리'를 그대로 재현해 놓았어요. 근대화연쇄점, 다방, 식당, 만화방, 레코드점, 이발소, 의상실, 사진관 등 다양한 근현대 상점을 볼 수 있어요.

**❹ 연자방아**

평평한 원형의 돌 위에 둥근 돌을 얹고 소나 말의 힘을 빌려 곡식을 찧는 도구예요. '연자매', '돌방아', '돌방애' 라고도 해요. 한 사람은 소나 말의 고삐를 잡고 앞에서 몰고 한 사람은 곡식을 뒤집으며 사용하지요. 연자방아를 만드는 데에는 비용이 많이 들기 때문에 마을 사람들이 공동으로 마련하여 사용했어요.

**❺ 열두 띠 동상**

십이지신은 쥐, 소, 호랑이, 토끼, 용, 뱀, 말, 양, 원숭이, 닭, 개, 돼지와 같은 동물의 얼굴에 사람의 몸을 가진 신장이에요. 십이지는 하루를 12로 나누어 시간을 표시하거나 12 방위를 나타내는 데 사용했어요.

**❻ 돌하르방과 정주목, 정낭**

돌하르방은 제주도에서만 볼 수 있는 것으로 눈이 크고 부리부리하며 코도 크지요. 육지의 장승과 같아요. 돌이나 단단한 나무에 구멍을 뚫은 정주목에 긴 막대기 모양을 정낭을 거쳐 놓아요. 구멍이 3~4개인데 집을 잠깐 비울 때는 한 개, 한나절 정도 비울 경우는 두 개, 며칠 동안 비울 경우에는 세 개를 걸쳐 놓아요.

**❼ 효자각**

나라에서 허권이라는 사람에게 내린 효자 정려를 기념한 효자비를 보호하는 건물과 문이에요. 효자각은 연꽃, 용, 단청으로 장식되어 있어요.

# 우리 조상의 삶과 멋을 느끼며

국립민속박물관은 잘 둘러보았나요? 우리 조상이 남긴 유물을 둘러보면 조상의 생활 모습과 흔적을 짐작해 볼 수 있지요. 조선 후기 사람들의 일상생활을 살펴보고, 농사를 지으며 살아온 조선 시대 사람들의 생활 모습을 살펴보았어요. 그리고 조선 후기 사대부에 초점을 맞춰 태어나면서 죽을 때까지 한 사람의 일생을 둘러보기도 했어요.

여러분이 둘러본 유물 중에 어떤 것이 가장 먼저 떠오르나요? 아이가 태어났을 때 대문에 거는 금줄, 삼신할머니에게 바치는 삼신상, 혼례식을 마친 아름다운 신부가 타고 가는 가마, 시간을 잘 관리하기 위해 사용한 자명종, 텔레비전이 보급되기 전 여가와 휴식을 위한 필수품인 라디오, 쟁기, 호미, 용두레, 도리깨, 풍구 등의 다양한 농기구가 떠오르지요. 각각 생김새와 쓰임새가 다르고, 만든 시기도 다르지만 모두 우리 생활 한구석을 차지했던 물건들이에요.

　우리 조상의 숨결이 담긴 문화유산은 오늘 우리가 국립민속박물관에서 둘러본 것이 전부는 아니랍니다. 아는 만큼 보인다는 말이 있어요. 주위를 잘 둘러보세요. 곳곳에 우리의 문화유산을 볼 수 있을 거예요. 우리가 사는 곳, 내 주변의 모든 것이 바로 우리의 생활 문화가 담긴 민속박물관이에요. 앞으로 어떤 물건들이 국립민속박물관의 유물로 채워지게 될까요? 지금 내가 쓰고 있는 학용품과 각종 생활용품들이 몇 십 년 뒤에는 박물관에서나 보게 될 물건일지도 몰라요. 이처럼 우리는 일상에서 우리의 역사를 가꾸고 있답니다.

　자, 앞으로 새로 만나게 될 우리 역사는 어떤 모습일까요?

# 주변을 돌아보아요

국립민속박물관은 재미있게 둘러보았나요? 전시장의 유물들을 보면서 우리 민족이 살아온 모습을 짐작할 수 있었을 거예요. 먼 선사 시대부터 지금까지 우리 민족의 생활 모습은 참 많이 변했답니다. 그런데 국립민속박물관만 둘러보고 가기에는 아쉽지요. 주변에 더 볼 것이 많이 있거든요. 바로 옆에 있는 경복궁, 창덕궁, 서울역사박물관까지 더 둘러보는 것은 어떨까요?

## ❶ 경복궁

태조 이성계가 조선을 세우면서 지은 궁궐이에요. 지금의 경복궁은 조선 후기에 다시 세운 건물이에요. 임진왜란 때 불에 타서 폐허가 됐던 것을 흥선 대원군이 다시 지었답니다. 경복궁을 돌아보면서 조선 시대 왕과 왕비가 어떤 곳에서 살았는지 알아보세요. 경복궁은 조선의 법궁답게 각 건물마다 우리 역사와 관련된 이야기가 있답니다.

## ❷ 서울역사박물관

경희궁 바로 옆에 있는 박물관이에요. 수도 서울의 역사와 문화를 한눈에 볼 수 있지요. 오늘날의 서울이 있기까지 서울은 어떻게 발전 해 왔는지 알 수 있어요. 옛날의 서울은 어떤 모습이었고, 서울 사람들은 어떻게 살았는지 서울역사박물관에서 확인해 보세요.

## ❸ 창덕궁

이궁으로 쓰기 위해 지은 궁이에요. 창덕궁을 말할 때 아름다운 후원을 빼놓을 수가 없답니다. 세계문화유산으로 등재되기도 한 창덕궁의 후원은 자연의 아름움을 한껏 살린 정원이에요. 사계절 각기 다른 아름다움을 뽐낸답니다. 각 계절마다 창덕궁에 찾아가 보는 것도 재미있을 거예요.

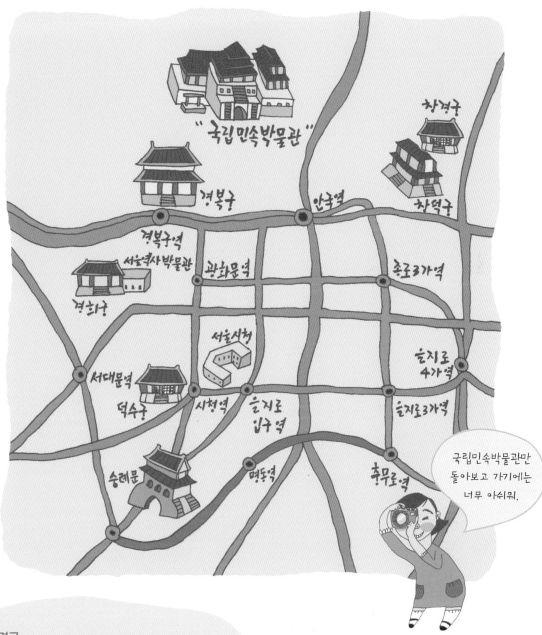

국립민속박물관만
돌아보고 가기에는
너무 아쉬워.

❹ 창경궁

창덕궁과 담장 하나를 사이에 두고 있는 궁이에요. 처음 세울 당
시의 전각은 임진왜란 때 모두 불타 버렸어요. 광해군 때 다시 지
었지만 그 뒤로도 몇 차례의 화재가 있었어요. 그 때마다 내전이
불에 타서 지금 남아 있는 것은 임진왜란 후에 지은 것이에요. 한
때 일제가 창경궁을 동물원과 식물원을 꾸며 이름을 창경원으로
바꾼 적도 있었지만 1983년 12월 30일 다시 창경궁으로 이름을 바
꾸고 본래의 모습을 되찾았지요.

# 만들어요 경직도 병풍을

옛날 우리나라는 농사 짓는 일이 나라 살림의 근간이었어요. 그리고 누에 치거나 비단 짜는 일 등 의식주와 관련된 일들을 아주 중요하게 여겼어요. 그래서 이런 일들을 그림으로 그리고 병풍으로 만들기도 했어요. 이렇게 해서 왕에게 농사짓는 농부와 누에 치는 여인들의 어려움을 알리고 바른 정치를 하도록 했어요.

자, 이제 경직도가 어떤 그림인지 잘 알겠지요? 역시 옛날 그림은 병풍에 발라져 있을 때가 가장 근사하고 멋지게 보이는 것 같아요. 국립민속박물관에 소장되어 있는 경직도는 총 10폭짜리 병풍이에요. 이 그림으로 병풍을 만들어 볼까요?

##  준비물

**우드락**
병풍의 양끝에 붙여서 병풍을 세웠을 때 힘을 받도록 해요.

**풀**
그림이 떨어지지 않게 잘 붙여야지요.

**그림을 붙일 종이**
경직도를 붙일 종이예요. 그림 크기에 맞추어 준비하세요.

**칼**
그림을 크기에 맞춰 잘라야 해요.

# 어떤 그림으로도 병풍을 만들 수 있어요.

꼭 경직도로만 만들 필요는 없어요. 내가 직접 그린 그림도 좋고, 평생도나 평소 좋아하던 그림이면 다 만들 수 있어요. 그림 크기에 맞추어 종이와 우드락만 자르면 멋진 병풍을 완성할 수 있어요.

그림은 인터넷에서 다운받거나 그림엽서를 사용해도 좋아요.

멋진 병풍이 완성되었어요. 친구들에게 선물해도 좋겠지요?

경직도 병풍

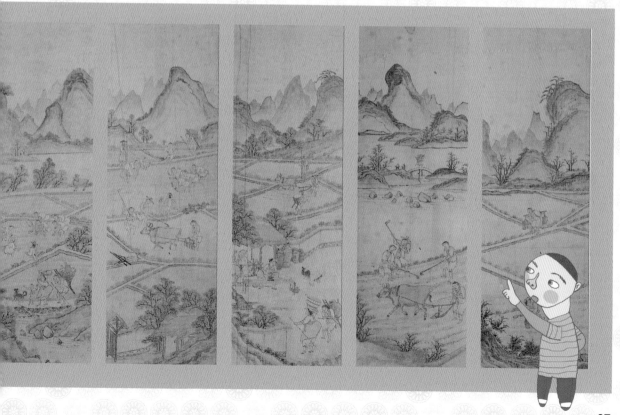

# 나는 국립민속박물관 박사!

국립민속박물관 견학은 재미있었나요? 이곳에서 무엇을 보았는지, 무엇이 기억이 남는지 잘 생각해 보세요. 그런 다음 아래 문제들을 풀어 보세요. 우리나라 민속에 대한 이해가 훨씬 쉬워질 거예요.

## 1 이름을 써 보세요.

다음 유물은 우리 조상들이 사용하던 물건이에요. 각각 설명을 읽어보고 맞는 유물의 이름을 보기에서 찾아 쓰세요.

(　　　　　)　　(　　　　　)　　(　　　　　)　　(　　　　　)　　(　　　　　)

| 낟알을 담은 뒤, 천천히 흔들어 쭉정이나 티끌을 골라내는 기구예요. | 아이가 태어나면 삼신할머니에게 감사의 표시로 상을 차려 놓았어요. | 씨실과 날실을 이용해 옷감을 짜는 기구예요. | 의복이나 귀중품을 보관하던 가구예요. | 혼례식 때 혼례상 위에 올려 놓고 절을 하지요. |

> **보기**　　삼신상　　배틀　　반닫이　　나무기러기　　키

## 2 OX 퀴즈를 풀어 보세요.

아래 설명을 잘 읽고 맞는 것에는 O표, 틀린 것에는 X로 표시하세요.

1) 선비는 저녁에 일찍 자고 새벽부터 일했어요. (　　)

2) 《조선왕조실록》에는 일식, 월식, 혜성의 출현 등에 대한 기록이 빠짐없이 있어요. (　　)

3) 신구법천문도는 신법천문도와 구법천문도가 모두 담겨 있는 천문도예요. (　　)

4) 조선 시대 사람들은 농사일이 고되어서 하루에 네 끼를 먹었어요. (　　)

5) 여름에 농작물 사이에 자라난 잡초를 뽑는 것을 모내기라고 해요. (　　)

6) 시전은 조선 시대에 지금의 서울 종로를 중심으로 설치한 상설 시장이에요. (　　)

7) 옛날에는 혼례식을 신랑의 집에서 올렸어요. (　　)

8) 추석에는 조상께 햇곡식과 햇과일을 바치는 차례를 지냈어요. (　　)

## ③ 남자의 것과 여자의 것을 구분해 보세요.

다음 유물은 혼례식 때 입는 옷과 신발, 모자예요. 남자의 것과 여자의 것을 구분하여 이름을 쓰고 남자의 것에는 네모, 여자의 것에는 동그라미로 표시하세요.

| 보기 | 활옷 | 사모 | 화관 | 단령 | 목화 |
|------|------|------|------|------|------|

(            )

(            )

(            )

(            )

(            )

☞ 정답은 72쪽에

# 나는 국립민속박물관 박사!

## ④ 유물의 이름과 설명을 알맞게 연결해 보세요.

아래 유물들은 개항 이후 우리나라에 보급되기 시작한 생활용품이에요. 전시장에서 본 것들을 잘 떠올리면서 문제를 풀어 보세요.

다과상  ● ● 텔레비전이 보급되기 이전에는 라디오가 여가와 휴식을 위한 필수품이었어요.

견짓대  ● ● 옷을 만들거나 수선할 때 사용하는 기계로, 1960~70년대 필수 혼수품으로 인기를 끌었어요.

반닫이  ● ● 앞면을 반으로 나누어 위 반쪽을 여닫을 수 있도록 하는 가구로, 앞닫이라고도 해요. 가정에서 옷이나 문서 등을 보관하는 데 사용했어요.

재봉틀  ● ● 낚싯줄을 감았다가 풀었다가를 반복하여 물고기를 낚는 도구예요. 얼음 낚시할 때에도 사용했어요.

라디오  ● ● 집에 찾아온 손님을 대접하기 위해 제철 과일을 꿀에 절여 정과를 만들고, 주전자에 차를 데우거나 술을 담아 상을 차렸어요.

## ⑤ 십자말 퀴즈를 풀어 보세요.

아래 설명을 잘 읽고 빈칸을 알맞게 채워 보세요.

**가로**

1. 아이가 건강히 태어나도록 도와준 삼신할머니에게 바치는 상이에요.
2. 친척과 이웃들이 아이가 잘 되라는 의미를 담아 한 자씩 써준 천자문으로 돌상에 놓지요.
3. 잡귀를 쫓고 재앙을 물리치기 위하여 붉은색으로 글씨를 쓰거나 그림을 그려 몸에 지니거나 붙이는 종이예요.
4. 임금이 내린 종이꽃으로 과거에 급제한 사람이 머리에 쓰는 관 뒤에 꽂게 했어요.
5. 성인식이라고도 해요.
6. 혼례식을 마친 신부가 신랑의 집으로 갈 때 타고 가는 것이에요.

7. 명당 자리를 그린 지도로 왼쪽의 산을 좌청룡, 오른쪽의 산을 우백호라고 불렀어요.

**세로**

1. 첫 생일날의 상이에요. 음식과 엽전, 쌀, 붓, 책, 가위와 자, 실패 등이 놓여 있어요.
2. 여러 가지로 변형한 여덟 글자의 안과 획에 관계 있는 그림을 그려 넣어 여덟 폭의 병풍으로 꾸민 것이에요.
3. 혼례식을 치르는 여자예요.
4. 혼례식을 치르는 여자가 머리에 쓰는 것이에요.
6. 12줄의 현악기로 소리가 맑고 우아하여 아악과 민속악에 널리 사용하였지요.

☞ 정답은 72쪽에

여기서
**잠깐!**

**49쪽**

각각 할아버지, 할머니, 외할아버지, 외할머니의 성함을 써
보세요.

유물퀴즈

**33쪽**

③

# 나는 국립민속박물관 박사!

### ❶ 이름을 써 보세요.

다음 유물은 우리 조상들이 사용하던 물건이에요. 각각 설명을 읽어보고 맞는 유물의 이름을 보기에서
찾아 쓰세요.

( 키 )　　( 삼신상 )　　( 배틀 )　　( 반닫이 )　　( 나무기러기 )

| 낟알을 담은 뒤,<br>천천히 흔들어<br>쑥정이나 티끌을<br>골라 내는<br>기구예요. | 아이가 태어나면<br>삼신할머니에게<br>감사의 표시로<br>상을 차려<br>놓았어요. | 씨실과 날실을<br>이용해 옷감을<br>짜는 기구예요. | 의 복 이 나<br>귀 중 품 을<br>보 관 하 던<br>가구예요. | 혼례식 때<br>혼례상 위에<br>올려 놓고 절을<br>하지요. |

### ❷ OX 퀴즈를 풀어 보세요.

아래 설명을 잘 읽고 맞는 것에는 O표, 틀린 것에는 X표로 표시하세요.

1) ( × )　2) ( O )　3) ( O )　4) ( × )

5) ( × )　6) ( O )　7) ( × )　8) ( O )

### ❸ 남자의 것과 여자의 것을 구분해 보세요.

다음 유물은 혼례식 때 입는 옷과 신발, 모자예요. 남자의 것과 여자의 것을 구분하여 이름을 쓰고
남자의 것에는 네모, 여자의 것에는 동그라미로 표시하세요.

화관

활옷

단령

사모

목화

### ❹ 유물의 이름과 설명을 알맞게 연결해 보세요.

아래 유물들은 개항 이후 우리나라에 보급되기 시작한 생활용품이에요. 전시장에서 본 것들을 잘
떠올려보면서 문제를 풀어 보세요.

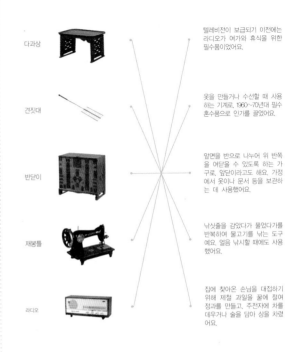

다과상

건짓대

반닫이

재봉틀

라디오

텔레비전이 보급되기 이전에는
라디오가 여가와 휴식을 위한
필수품이었어요.

옷을 만들거나 수선할 때 사용
하는 기계로, 1960~70년대 필수
혼수품으로 인기를 끌었어요.

앞면을 반으로 나누어 위 반쪽
을 여닫을 수 있도록 하는 가
구로, 앞닫이라고도 해요. 가정
에서 옷이나 문서 등을 보관하
는 데 사용했어요.

낚싯줄을 감았다가 풀었다가를
반복하며 물고기를 낚는 도구
예요. 얼음 낚시할 때에도 사용
했어요.

집에 찾아온 손님을 대접하기
위해 제철 과일을 꿀에 절여
정과를 만들고, 주전자에 차를
데우거나 술을 담아 상을 차렸
어요.

### ❺ 십자말 퀴즈를 풀어보세요.

아래 설명을 잘 읽고 빈칸을 알맞게 채워 보세요.

| | | | 1<br>돌 | | | | |
|---|---|---|---|---|---|---|---|
| 1<br>삼 | 신 | 상 | | | | | |
| | | | 2<br>천 | 인 | 천 | 자 | 2<br>문 |
| 3<br>신 | | | | | | | 자 |
| 3<br>부 | 적 | | | | 7<br>명 | 당 | 도 |
| | | | | | | | |
| 4<br>어 | 사 | 4<br>화 | | | 6<br>가 | 마 | |
| | 5<br>관 | 례 | | | 야 | | |
| | | 금 | | | | | |

# 사진 출처

**국립민속박물관** p7(양부일구, 농가사시도, 자명종), p8(추수 김제덕 초상, 우물가도, 물동이, 똬리) p9(수염빗, 살쩍밀이, 풍잠, 사소절), p10(동다리와 전복, 전립, 등채, 고유), p11(쇠스랑, 논호미), p14(나전 바둑판, 다과상), p15(써레, 종다래끼, 농가월령가, 물레, 김치독), p16(바구니, 가리, 견짓대, 팽이), p17(반닫이, 자물쇠), p18(벽걸이 등잔, 촛대), p19(절구와 절구공이, 국수틀, 5첩 반상기와 사각반), p20(반짇고리, 다듬잇돌과 다듬잇방망이, 조족등, 다리미와 다리미받침), p21(순라봉, 신구법천문도), p22(작업복, 재봉틀), p23(전기 곤로, 상보, 라디오), p25(씨아, 베틀, 메주틀), p26(남태, 쟁기), p27(조새, 갯벌썰매), p28(호미, 토시, 가리), p29(용두레, 베틀), p30~31(상전, 세물전, 모자전, 양태전, 신발전, 포목전), p35(도리깨, 키, 매통, 풍구, 떡살), p36(설피, 누비저고리), p37(자물쇠, 메주틀, 씨아), p38(조각보, 까치두루마기), p39(경상, 사방탁자, 반짇고리, 경대), p41(화관, 활옷, 초헌, 가마), p42(삼신상, 태실, 태항아리), p43(《천인천자문》, 돌상, 호건), p44~45(문자도), p45(사판), p46(족두리), p47(화관, 활옷, 가마, 사모, 단령, 목화, 나무기러기와 보), p48(가슴), p50(초헌, 남여), p51(어사화와 화첩, 문관 흉배, 무관 흉배, 홍패), p52(가야금, 거문고, 아쟁), p53(술병, 해금, 쌍륙놀이판, 바둑판), p54(부신도, 점상, 부적, 당사주책, 부적판), p55(점통, 제웅), p56(상여, 지석, 방갓), p57(갈실, 신주, 감모여재도, 명당도), p58(백수백복도), p59(베개, 필통, 화로, 촛대, 안경집 디딤잇돌), p60~61(오촌댁, 추억의 거리, 효자각)

**한국국학진흥원** p12(《일용지결》)

# 초등학교 교과서와 관련된 학년별 현장 체험학습 추천 장소

| 1학년 1학기 (21곳) | 1학년 2학기 (18곳) | 2학년 1학기 (21곳) | 2학년 2학기 (25곳) | 3학년 1학기 (31곳) | 3학년 2학기 (37곳) |
|---|---|---|---|---|---|
| 철도박물관 | 농촌 체험 | 소방서와 경찰서 | 소방서와 경찰서 | 경희대자연사박물관 | IT월드(과천정보나라) |
| 소방서와 경찰서 | 광릉 | 서울대공원 동물원 | 서울대공원 동물원 | 광릉수목원 | 강원도 |
| 시민안전체험관 | 홍릉 산림과학관 | 농촌 체험 | 강릉단오제 | 국립민속박물관 | 경희대자연사박물관 |
| 천마산 | 소방서와 경찰서 | 천마산 | 천마산 | 국립서울과학관 | 광릉수목원 |
| 서울대공원 동물원 | 월드컵공원 | 남산골 한옥마을 | 월드컵공원 | 국립중앙박물관 | 국립경주박물관 |
| 농촌 체험 | 시민안전체험관 | 한국민속촌 | 남산골 한옥마을 | 기상청 | 국립고궁박물관 |
| 코엑스 아쿠아리움 | 서울대공원 동물원 | 국립서울과학관 | 한국민속촌 | 서대문자연사박물관 | 국립국악박물관 |
| 선유도공원 | 우포늪 | 서울숲 | 농촌 체험 | 선유도공원 | 국립부여박물관 |
| 양재천 | 철새 | 갯벌 | 서울숲 | 시장 체험 | 국립서울과학관 |
| 한강 | 코엑스 아쿠아리움 | 양재천 | 양재천 | 신문박물관 | 남산 |
| 에버랜드 | 짚풀생활사박물관 | 동굴 | 선유도공원 | 경상북도 | 남산골 한옥마을 |
| 서울숲 | 국악박물관 | 고성 공룡박물관 | 불국사와 석굴암 | 양재천 | 롯데월드 민속박물관 |
| 갯벌 | 천문대 | 코엑스 아쿠아리움 | 국립중앙박물관 | 경기도 | 국립민속박물관 |
| 고성 공룡박물관 | 자연생태박물관 | 옹기민속박물관 | 국립민속박물관 | 이화여대자연사박물관 | 삼성어린이박물관 |
| 서대문자연사박물관 | 세종문화회관 | 기상청 | 전쟁기념관 | 전쟁기념관 | 서대문자연사박물관 |
| 옹기민속박물관 | 예술의 전당 | 시장 체험 | 판소리 | 천마산 | 선유도공원 |
| 어린이 교통공원 | 어린이대공원 | 에버랜드 | DMZ | 한강 | 소방서와 경찰서 |
| 어린이 도서관 | 서울놀이마당 | 경복궁 | 시장 체험 | 화폐금융박물관 | 시민안전체험관 |
| 서울대공원 | | 강릉단오제 | 광릉 | 호림박물관 | 경상북도 |
| 남산자연공원 | | 몽촌역사관 | 홍릉 산림과학관 | 홍릉 산림과학관 | 월드컵공원 |
| 삼성어린이박물관 | | 국립현대미술관 | 국립현충원 | 우포늪 | 육군사관학교 |
| | | | 국립4·19묘지 | 소나무 극장 | 해군사관학교 |
| | | | 지구촌민속박물관 | 예지원 | 공군사관학교 |
| | | | 우정박물관 | 자운서원 | 철도박물관 |
| | | | 한국통신박물관 | 서울타워 | 이화여대자연사박물관 |
| | | | | 국립중앙과학관 | 제주도 |
| | | | | 엑스포과학공원 | 천마산 |
| | | | | 올림픽공원 | 천문대 |
| | | | | 전라남도 | 태백석탄박물관 |
| | | | | 경상남도 | 판소리박물관 |
| | | | | 허준박물관 | 한국민속촌 |
| | | | | | 임진각 |
| | | | | | 오두산 통일전망대 |
| | | | | | 한국천문연구원 |
| | | | | | 종이미술박물관 |
| | | | | | 짚풀생활사박물관 |
| | | | | | 토탈야외미술관 |

| 4학년 1학기 (34곳) | 4학년 2학기 (56곳) | 5학년 1학기 (35곳) | 5학년 2학기 (51곳) | 6학년 1학기 (36곳) | 6학년 2학기 (39곳) |
|---|---|---|---|---|---|
| 강화도 | IT월드(과천정보나라) | 갯벌 | IT월드(과천정보나라) | 경기도박물관 | IT월드(과천정보나라) |
| 갯벌 | 강화도 | 광릉수목원 | 강원도 | 경복궁 | KBS 방송국 |
| 경희대자연사박물관 | 경기도박물관 | 국립민속박물관 | 경기도박물관 | 덕수궁과 정동 | 경기도박물관 |
| 광릉수목원 | 경복궁 / 경상북도 | 국립중앙박물관 | 경복궁 | 경상북도 | 경복궁 |
| 국립서울과학관 | 경주역사유적지구 | 기상청 | 덕수궁과 정동 | 고성 공룡박물관 | 경희대자연사박물관 |
| 기상청 | 경희대자연사박물관 | 남산골 한옥마을 | 경상북도 | 국립민속박물관 | 광릉수목원 |
| 농촌 체험 | 고창·화순·강화 고인돌유적 | 농업박물관 | 경희대자연사박물관 | 국립서울과학관 | 국립민속박물관 |
| 서대문자연사박물관 | 전라북도 | 농촌 체험 | 고인쇄박물관 | 국립중앙박물관 | 국립중앙박물관 |
| 서대문형무소역사관 | 고성 공룡박물관 | 서울국립과학관 | 충청도 | 농업박물관 | 국회의사당 |
| 서울역사박물관 | 충청도 | 서울대공원 동물원 | 광릉수목원 | 롯데월드 민속박물관 | 기상청 |
| 소방서와 경찰서 | 국립경주박물관 | 서울숲 | 국립공주박물관 | 몽촌토성과 풍납토성 | 남산 |
| 수원화성 | 국립민속박물관 | 서울시청 | 국립경주박물관 | 민주화현장 | 남산골 한옥마을 |
| 시장 체험 | 국립부여박물관 | 서울역사박물관 | 국립고궁박물관 | 백범기념관 | 대법원 |
| 경상북도 | 국립서울과학관 | 시민안전체험관 | 국립민속박물관 | 서대문자연사박물관 | 대학로 |
| 양재천 | 국립중앙박물관 | 경상북도 | 국립서울과학관 | 서대문형무소 역사관 | 민주화 현장 |
| 옹기민속박물관 | 국립국악박물관 / 남산 | 양재천 | 국립중앙박물관 | 서울역사박물관 | 백범기념관 |
| 월드컵공원 | 남산골 한옥마을 | 강원도 | 남산골 한옥마을 | 조선의 왕릉 | 아인스월드 |
| 철도박물관 | 농업박물관 / 대법원 | 월드컵공원 | 농업박물관 | 성균관 | 서대문자연사박물관 |
| 이화여대자연사박물관 | 대학로 | 유명산 | 롯데월드 민속박물관 | 시민안전체험관 | 국립서울과학관 |
| 천마산 | 롯데월드 민속박물관 | 제주도 | 충청도 | 경상북도 | 서울숲 |
| 천문대 | 몽촌토성과 풍납토성 | 짚풀생활사박물관 | 서대문자연사박물관 | 암사동 선사주거지 | 신문박물관 |
| 철새 | 불국사와 석굴암 | 천마산 | 성균관 | 운현궁과 인사동 | 양재천 |
| 홍릉 산림과학관 | 서대문자연사박물관 | 한강 | 세종대왕기념관 | 전쟁기념관 | 월드컵공원 |
| 화폐금융박물관 | 서울대공원 동물원 | 한국민속촌 | 수원화성 | 천문대 | 육군사관학교 |
| 선유도공원 | 서울숲 | 호림박물관 | 시민안전체험관 | 철새 | 이화여대자연사박물관 |
| 독립공원 | 서울역사박물관 | 홍릉 산림과학관 | 시장 체험 / 신문박물관 | 청계천 | 중남미박물관 |
| 탑골공원 | 조선의 왕릉 | 하회마을 | 경기도 | 짚풀생활사박물관 | 짚풀생활사박물관 |
| 신문박물관 | 세종대왕기념관 | 대법원 | 강원도 | 태백석탄박물관 | 창덕궁 |
| 서울시의회 | 수원화성 | 김치박물관 | 경상북도 | 해인사 고려대장경과 장경판전 | 천문대 |
| 선거관리위원회 | 승정원일기 / 양재천 | 난지하수처리사업소 | 옹기민속박물관 | 호림박물관 | 우포늪 |
| 소양댐 | 옹기민속박물관 | 농촌·어촌·산촌 마을 | 운현궁과 인사동 | 유니세프 한국위원회 | 판소리박물관 |
| 서남하수처리사업소 | 월드컵공원 | 들꽃수목원 | 육군사관학교 | 무령왕릉 | 한강 |
| 중랑구재활용센터 | 육군사관학교 | 정보나라 | 이화여대자연사박물관 | 현충사 | 홍릉 산림과학관 |
| 중랑하수처리사업소 | 철도박물관 | 드림랜드 | 전라북도 | 덕포진교육박물관 | 화폐금융박물관 |
| | 이화여대자연사박물관 | 국립극장 | 전쟁박물관 | 서울대학교 의학박물관 | 훈민정음 |
| | 조선왕조실록 / 종묘 | | 창경궁 / 천마산 | 상수허브랜드 | 상수도연구소 |
| | 종묘제례 | | 천문대 | | 한국자원공사 |
| | 창경궁 / 창덕궁 | | 태백석탄박물관 | | 동대문소방서 |
| | 천문대 / 청계천 | | 한강 | | 중앙119구조대 |
| | 태백석탄박물관 | | 한국민속촌 | | |
| | 판소리 / 한강 | | 해인사 고려대장경과 장경판전 | | |
| | 한국민속촌 | | 화폐금융박물관 | | |
| | 해인사 고려대장경과 장경판전 | | 중남미문화원 | | |
| | 호림박물관 | | 첨성대 | | |
| | 화폐금융박물관 | | 절두산순교성지 | | |
| | 훈민정음 | | 천도교 중앙대교당 | | |
| | 온양민속박물관 | | 한국에너지기술연구원 | | |
| | 아인스월드 | | 한국자수박물관 | | |
| | | | 초전섬유퀼트박물관 | | |